STUD-BOOK

PERCHERON

DE FRANCE

PUBLIÉ PAR LA

SOCIÉTÉ HIPPIQUE PERCHERONNE

Autorisée par le Gouvernement

SIÈGE SOCIAL

NOGENT-LE-ROTROU

(EURE-ET-LOIR)

———

TOME DIX-SEPTIÈME

Étalons & Jument

IMPRIMERIE-LIBRAIRIE-PAPETERIE L. HAMARD

NOGENT-LE-ROTROU

1917

STUD-BOOK

PERCHERON

DE FRANCE

TOME DIX-SEPTIÈME

Le dépôt légal des volumes du *Stud-Book Percheron* ayant été fait à la Préfecture et au Ministère de l'Intérieur, la *Société Hippique Percheronne de France* se réserve tous les droits de traduction et de reproduction, partielle ou totale.

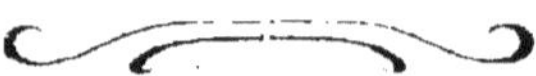

STUD-BOOK
PERCHERON
DE FRANCE

PUBLIÉ PAR LA

SOCIÉTÉ HIPPIQUE PERCHERONNE

Autorisée par le Gouvernement

SIÈGE SOCIAL

NOGENT-LE-ROTROU

(EURE-ET-LOIR)

TOME DIX-SEPTIÈME

Étalons & Juments

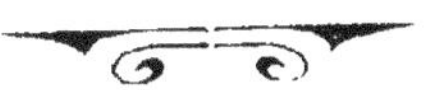

IMPRIMERIE-LIBRAIRIE-PAPETERIE L. HAMARD

NOGENT-LE-ROTROU

1917

Nous, soussignés, constituant le Bureau de la *Société Hippique Percheronne de France*, Société composée de tous les Étalonniers et des Éleveurs du Perche, réunis en association dans le but de conserver pure la race Percheronne, race réputée à juste titre comme donnant les meilleurs chevaux de gros trait du monde;

Nous publions dans ce dix-septième volume du *Stud-Book Percheron de France* les certificats d'origine des 1.934 Étalons et 2.044 Juments que nous avons acceptés après examen minutieux et nous les déclarons corrects.

Nogent-le-Rotrou, le 31 Décembre 1920.

Le Président,
H. VILLETTE-GATÉ,
Officier de la Légion d'Honneur.

Les Vice-Présidents,
L. AVELINE, — RIVERAIN,
J. AVELINE, — V. TAFFOREAU.

Le Secrétaire,
E. LEMARIÉ.

Le Trésorier,
CH. RENÉ.

Délégués :

A. BARBET, — H. BEAUCLAIR, — A. BIGNON, — A. BOUTHRY, — E. BURIN, — A. CHAPELLE, — E. COLIN, — A. DELANGE, — E. DESPREZ, — J. DUVAL, — A. FEUILLARD, — E. GASSELIN, — E. GAULARD, — A. GROUAS, — D. JOUANNEAU, — A. LALLOUET, — A. LEFEUVRE, — LIROCHON, — L. MOULIN, — Edmond PERRIOT, — Ernest PERRIOT, — E. POUPLIN, — F. SAGOT, — A. TACHEAU, — H. VALLÉE.

STUD-BOOK PERCHERON

ÉTALONS

STUD-BOOK PERCHERON

ÉTALONS

NOM	N°	ROBE	Naissance	PÈRE	MÈRE
Qabotin	128926	noir	1916	Lasso 103951	Mandoline 105325
Qafarelly	130247	gris-foncé	1916	Mirliton 105710	Laurette 63169
Qaïffa	128967	gris	1916	Laboureur 104443	Mie 106102
Qajoleur	129162	gris-clair	1916	Japon 84819	Mimosa 105732
Qalinot	130025	noir	1916	Japon 84819	Parfaite 65655
Qapussin	129108	gris	1916	Menu 105555	Luvie 99193
Qarabin	129364	noir	1916	Képi 91690	Lavette 100698
Qardona	130226	gris	1916	Libouret 99738	Matraque 55954
Qarouba	129273	noir	1916	Loyalty 101301	Galette 52692
Qartonier	130032	noir	1916	Mirliton 105710	Martha 65661
Qassoulet	129982	gris-foncé	1916	Josué 88841	Idalie 80919
Qassy	130237	gris	1916	Illettré 81310	Junon 58542
Qastelno	130031	noir	1916	Japon 84819	Narcisse 67782
Qastory	130260	noir	1916	Instar 78857	Légende 59196
Qavégnac	129109	gris-foncé	1916	Menu 105555	Fornarina 93512
Qaviar	130109	gris	1916	Illettré 81310	Fantine 84460
Qawel	129387	noir-rub.	1916	Logis 99269	Joie 89272
Qlabaud	131780	gris	1916	Muet 109445	Galantine 49973
Qlac	131781	gris	1916	Muet 109445	Laurence 102885
Qlair	131783	gris-noir	1916	Muet 109445	Colette 89970
Qlairet	129913	noir	1916	Lucumon 100857	Galopade 69606
Qlairet	131785	gris	1916	Muet 109445	Gargamelle 98304
Qlairon	129096	gris-foncé	1916	Logis 99269	Locution 100128
Qlairon	129348	gris-foncé	1916	Japon 84819	Brillante 90181
Qlairon	129915	noir	1916	Kontus 93623	Hémione 73496

NOM	N°	ROBE	Naissance	PÈRE	MÈRE
Qlairon	131786	noir	1916	Muet 109445	Laure 102879
Qlam	129089	gris r.	1916	Menu 105555	Christine 66210
Qlampin	131633	gris	1916	Lumineux 100865	Kanche 90707
Qlampin	131787	noir	1916	Muet 109445	Gouttière 69681
Qlan	129918	gris	1916	Mameluck 105511	Marote 107258
Qlan	131788	gris	1916	Lettré 104631	Gamme 67748
Qlandestin	129919	gris	1916	Mameluck 105511	Iole 80783
Qlapat	129920	gris	1916	Lumineux 100865	Liste 100781
Qlapat	131798	gris	1916	Instar 78857	Magie 110135
Qlapier	129923	gris-foncé	1916	Lumineux 100865	Mauveine 108172
Qlapotis	129922	gris-foncé	1916	Mameluck 105511	Mouvette 49519
Qlaquet	129926	gris-foncé	1916	Lumineux 100865	Igue 78588
Qlaquet	131806	gris	1916	Lot 100380	Bichette 68258
Qlaqueur	129927	noir	1916	Mameluck 105511	Mariette 108151
Qlasseur	129929	gris-foncé	1916	Mameluck 105511	Noyelette 114555
Qlaveau	129930	gris foncé	1916	Mameluck 105511	Kymrique 89701
Qlavecin	129931	gris	1916	Mameluck 105511	Serpolette 63377
Qlavecin	131809	noir	1916	Leckray 103425	Panique 63075
Qlavier	129932	noir	1916	Matériel 106248	Marisque 107688
Qlavier	131810	gris foncé	1916	Lescapé 99345	Kollante 95912
Qlayon	129933	gris	1916	Lucumon 100857	Ritournelle 44442
Qlayon	131811	noir	1916	Luron 97902	Jamauque 87385
Qlef	131812	noir	1916	Libouret 99738	Hérodiate 76140
Qlémansot	129034	noir	1916	Jallieu 86306	Capsule 67375
Qlément	129934	noir-zain	1916	Lentigo 99397	Ragotte 54187
Qlément	131813	gris	1916	Instar 78857	Nucelle 117089
Qlerc	129935	noir	1916	Lucumon 100857	Koala 90315
Qlerc	131814	gris	1916	Luron 97902	Jove 87474
Qlérical	131815	noir	1916	Lescapé 99345	Bibi 55806
Qlic	129936	gris	1916	Koucou 91328	Glaneuse 70150
Qlic	131816	noir	1916	Lescapé 99345	Lourdise 102663
Qliché	131819	noir	1916	Lescapé 99345	Machacoire 110112
Qlicheur	131821	noir	1916	Lescapé 99345	Coquette 60200
Qlient	129937	bai	1916	Matériel 106248	Jointive 85850
Qlimat	129940	gris-noir	1916	Marinier 107253	Izon 81019
Qlimat	131825	gris-vin.	1916	Luron 97902	Machinale 110123
Qlin	131827	gris	1916	Douvreur-ex-Couvreur 58335	Martinière 110126
Qlinfoc	131829	gris foncé	1916	Douvreur-ex-Couvreur 58335	Korne 95041
Qliquart	129944	gris	1916	Lucumon 100857	Haltère 74615
Qliquetis	129945	gris	1916	Lucuman 100857	Hotte 74169
Qlocher	129916	gris	1916	Koucou 91328	Kanamelle 90703
Qlocher	131832	gris	1916	Lescapé 99345	Kolonie 95717
Qlocheton	129876	noir	1916	Mameluck 105511	Jouvence 96908
Qlocheton	131833	gris	1916	Lescapé 99345	Lucarne 102681
Qlogot	129021	gris foncé	1916	Josué 88841	Karpeth 89948

NOM	N°	ROBE	NAISSANCE	PÈRE	MÈRE
Clopant	130140	gris	1916	Mameluck 105511	Kocasse 92608
Clopant	131835	gris-noir	1916	Marceau 107660	Gigolette 72059
Clopin	130138	gris	1916	Marinier 107253	Charmante 68558
Clopin	131834	noir	1916	Marceau 107660	Lutte 102728
Clos	130141	gris-foncé	1916	Mameluck 105511	Kellaire 90344
Clos	131833	noir	1916	Mercy 105783	Églantine 55871
Closeau	130143	gris	1916	Mameluck 105511	Kloque 91126
Closeau	131837	noir	1916	Mercy 105783	Mancipation 110218
Clotaire	129356	noir	1916	Microbe 105766	Économe 61996
Clou	130144	gris	1916	Mameluck 105511	Bichette 50360
Clou	131838	noir zain	1916	Mercy 105783	Couturière 52847
Cloutier	131839	noir	1916	Mosnier 108821	Lychnide 102748
Clovis	129357	noir	1916	Microbe 105766	Martha 108354
Clown	130145	gris	1916	Mameluck 105511	Kasaque 91009
Clown	131842	noir	1916	Marceau 107660	Lisière 104457
Club	130148	gris	1916	Lapsus 99303	Anisette 64930
Club	131843	noir	1916	Marceau 107660	Ingénue 81288
Clubman	130151	noir	1916	Lumineux 100865	Kadette 91116
Clubman	131844	noir	1916	Muet 109445	Mandrille 110223
Cobot	129160	gris	1916	Mirliton 105710	Nage 114945
Codex	129970	gris	1916	Mirliton 105710	Gadmine 69900
Cokala	129350	noir	1916	Morlaix 105709	Cocotte 47137
Colbert	128820	noir	1916	Laboureur 104443	Waltyrie 47125
Coluron	128925	noir	1916	Lasso 103951	Lasagne 100669
Complet	130027	gris clair	1916	Japon 84819	Koudieque 89822
Conspuet	128811	gris	1916	Montretout 106337	Indiscrète 79444
Contigu	130033	gris-foncé	1916	Japon 84819	Juliette 86699
Convenu	130259	gris	1916	Instar 78857	Nielle 116943
Coquin	129088	noir	1916	Montretout 106337	Galère 71343
Coraya	130246	gris	1916	Mirliton 105710	Jouée 86549
Cordonier	130227	gris	1916	Libouret 99738	Kabella 92268
Coriace	130214	gris	1916	Instar 78857	Mitraille 110624
Cormier	130110	gris-foncé	1916	Labruty 99249	Narration 111942
Cotonnu	130216	noir	1916	Loyalty 101301	Hemma 76619
Crabe	129232	gris-foncé	1916	Lapereau 100259	Jalapa 85383
Crabe	132434	gris	1916	Guillaume-Tell 72926	Molette 111368
Crabier	132435	gris	1916	Lopin 104003	Jaseuse 89000
Crac	131026	gris-foncé	1916	Kourlis 95894	Métisse 108239
Crac	132436	gris	1916	Doguet-ex-Sapeur 60641	Mina 47726
Cramer	131025	noir	1916	Kourlis 95894	Nive 116422
Craneur	129564	gris	1916	Illettré 81310	Lippe 100757
Cranon	131027	noir	1916	Kourlis 95894	Lactate 102552
Crapoulos	129991	gris	1916	Mirliton 105710	Narine 111896
Crassier	129327	gris-foncé	1916	Japon 84819	Castille 49842
Crassus	131062	noir	1916	Lagan 101678	Biche 61437

NOM	N°	ROBE	Naissance	PÈRE	MÈRE
Qratinos	131064	gris-vin.	1916	Lagan 101678	Limoise 102198
Qravant	131074	noir	1916	Lizard 103414	Mouvante 107184
Qrayon	129095	noir	1916	Montretout 106337	Poulie 43028
Qrébillon	131075	noir	1916	Lizard 103414	Charmante 78446
Qrécy	131079	noir	1916	Lorientais 103276	Lecture 104078
Qrédit	128822	gris	1916	Illettré 81310	Maurelle 106452
Qrédit	130005	gris-vin.	1916	Laboureur 104443	Jubine 98416
Qrékouq	130059	gris	1916	Lescapé 99345	Laglue 98922
Qrénon	130038	noir	1916	Labruty 99249	Baignade 65200
Qrépon	130051	noir	1916	Labruty 99249	Pelotte 57465
Qrésus	131082	noir	1916	Huitain 73993	Mandarine 108246
Qrétin	130264	noir	1916	Montretout 106337	Mosaïque 105748
Qrétino	129627	noir	1916	Laboureur 104443	Réclame 64268
Qreusot	131086	gris-bleu	1916	Jouillat 88642	Montée 108396
Qrévat	130094	noir	1916	Lockray 103425	Haie 76755
Qrèvecœur	130230	gris-foncé	1916	Libouret 99738	Kwosine 92271
Qréyon	129045	noir	1916	Jallieu 86306	Lille 98958
Qricri	129278	gris-foncé	1916	Fier à Bras 65250	Mosaïque 106944
Qrikri	129361	gris	1916	Japon 84819	Kolonie 93926
Qriminel	129018	noir	1916	Japon 84819	Krinoline 90558
Qriquet	129663	gris-f.-v.	1916	Loyalty 101301	Fatma 55793
Qrochetièret	130605	gris-r.	1916	Libéral 100349	Lorette 98803
Qrochu	130270	gris	1916	Douvreur ex-Couvreur 58335	Lorraine 103453
Qroiset	131091	gris-fer f.	1916	Jouillat 88642	Larmorienne 101306
Qroisic	130269	gris	1916	Douvreur-ex-Couvreur 58335	Inulmie 78835
Qroisic	131092	noir	1916	Huitain 73993	Hirondelle 97095
Qroisy	130286	noir	1916	Laboureur 104443	Limagne 103368
Qromwell	129386	noir	1916	Lustre 99965	Pelisse 50152
Qromwell	131096	gris-foncé	1916	Huitain 73993	Lilloise 103255
Qronstadt	129030	gris	1916	Microbe 105766	Mouvette 58982
Qronstadt	131097	noir	1916	Incident 80133	Lorraine 103204
Qroquemort	128797	gris-très-f.	1916	Mirliton 105710	Jason 84602
Qroquet	131033	noir	1916	Joubert 88961	Gérance 62660
Qroquetout	129632	noir	1916	Montretout 106337	Mauvaise 107707
Qroquit	129089	gris	1916	Mirliton 105710	Malvoisie 105918
Qroquodil	130255	gris	1916	Logis 99269	Giblotte 65564
Qrothal	129074	gris	1916	Mirliton 105710	Faisante 36371
Qrothon	129008	gris-tr.-f.	1916	Fier-à-Bras 65250	Sarah 56767
Qroupion	129044	gris	1916	Jallieu 86306	Mémoire 105630
Qrouton	128307	gris	1916	Illettré 81340	Fanchon 67368
Quab	131341	gris	1916	Lysias 103555	Brunette 68428
Quabak	128906	noir	1916	Huitain 73993	Ibérienne 82217
Quaban	129583	noir	1916	Lapereau 100259	Médie 105110
Quabanel	130643	gris-clair.	1916	Mylord 107421	Sibèle 62193
Quabanon	128791	noir	1916	Jallieu 86306	Lasouris 99007

NOM	N°	ROBE	NAISSANCE	PÈRE	MÈRE
Quabanon	129585	gris-foncé	1916	Lichas 98731	Lustrade 99488
Quabaret	128792	gris-foncé	1916	Jallien 86306	Louvette 98968
Quabâret	129586	gris-noir	1916	Lichas 98731	Cortège 67258
Quabéru	131348	noir	1916	Huitain 73993	Kadoule 91222
Quabestan	131349	gris-foncé	1916	Huitain 73993	Harpie 77220
Quabillot	131352	gris fer	1916	Kagot 92240	Castille 73382
Quabinet	129592	gris-foncé	1916	Larpent 99117	Mistress 105629
Quabinet	131353	gris-t.-f.	1916	Kagot 92240	Gisette 73381
Quabliau	129589	gris	1916	Kourou 91328	Lecture 99681
Quablot	129593	gris	1916	Larpent 99117	Missive 105662
Quâblot	131354	noir	1916	Quinquina 68945	Invalide 82477
Quabochard	131357	noir	1916	Quinquina 68945	Géographie 72956
Quabochon	129594	gris	1916	Limon 99810	Farine 68498
Quabochon	131358	noir	1916	Quinquina 68945	Mineure 110568
Quabot	129595	gris-vin.	1916	Limon 99810	Krème 93240
Quabot	129620	gris	1916	Illettré 81310	Zélie 44170
Quabot	130646	gris-foncé	1916	Kroquet 91851	Castille 52243
Quabot	131360	gris-bleu	1916	Kagot 92240	Harvor 77899
Quabourg	130648	gris-clair	1916	Kroquet 91851	Jane 85212
Quabri	129598	noir	1916	Iowa 83989	Coquette 57037
Quabriolet	129048	gris	1916	Menu 105555	Naïveté 111847
Quabus	131363	gris fer	1916	Kagot 92240	Absente 61781
Quabyl	129032	gris-clair	1916	Japon 84819	Lymphe 98943
Quabyle	128908	gris fer-f.	1916	Laceron 98868	Biche 78552
Quacao	131365	noir-zain	1916	Lescapé 99345	Hanille 98396
Quacatois	131366	gris-bleu	1916	Lescapé 99345	Lisette 103743
Quachalot	131367	noir	1916	Misanthrope 106210	Hisisette 98390
Quachet	131369	gris-foncé	1916	Huitain 73993	Krinte 95935
Quachot	129603	gris	1916	Iowa 80989	Léa II 59857
Quachou	131380	noir	1916	Incident 80133	Kolombine 94078
Quack	128831	gris-r.	1916	Microbe 105766	Chopine 67236
Quacolet	131384	gris	1916	Luron 97902	Meulette 110494
Quactus	131385	noir	1916	Libouret 99738	Haine 75343
Quadeau	131386	gris-foncé	1916	Lagor 100512	Mignonne 49942
Quadédis	129668	noir	1916	Kontus 93623	Rosette 66955
Quadédis	131387	noir-zain	1916	Lagor 100512	Lamare 103439
Quadenat	129058	noir-zain	1916	Montretout 106337	Fantine 55944
Quadet	129047	gris	1916	Menu 105555	Hachette 73610
Quadet	130719	gris	1916	Loyal 99953	Korée 92008
Quadet	131399	gris-foncé	1916	Instar 78857	Jiberne 88338
Quadis	129609	gris	1916	Kroquet 91851	Inerte 82386
Quadis	131400	gris-fer	1916	Kourlis 95894	Krapule 95947
Quadix	130649	noir	1916	Kroquet 91851	Irma 80065
Quadorna	131382	bai-foncé	1916	Incident 80133	Goudronnette 71935
Quadorna	131945	gris	1916	Importun 80576	Escapade 73319

NOM	N°	ROBE	Naissance	PÈRE	MÈRE
Quadra	129259	gris-t.-f.	1916	Kontemporain 91579	Kruzade 91867
Quadragénaire	131312	noir	1916	Importun 80576	Jardre 88415
Quadran	129611	noir	1916	Kroquet 91851	Camille 78503
Quadran	130084	noir	1916	Lescapé 99345	Ninette 66692
Quadran	131401	gris-t.-f.	1916	Kourlis 95894	Latomie 104038
Quadrant	128834	gris-clair	1916	Guignolet 70023	Landaise 101733
Quadrant	131328	gris-clair	1916	Klocher 95657	Kairouan 96109
Quadrant	132726	gris-foncé	1916	Kolomb 96547	Léandre 100952
Quadrat	128835	noir	1916	Labruty 99249	Muscade 46358
Quadrat	129612	noir	1916	Karolus 93008	Louvette 99921
Quadrat	131041	gris	1916	Guillaume-Tell 72926	Margot 111243
Quadrat	131406	bai-zain	1916	Lockray 103425	Louise 103464
Quadrat	132472	gris	1916	Lapsus 104417	Rivale 53646
Quadratin	128837	gris-t.-f.	1916	Mylord 107421	Huée 73905
Quadratin	129615	gris	1916	Lafayette 100646	Cerisette 57156
Quadratin	131042	gris	1916	Guillaume-Tell 72926	Fatma 67675
Quadratin	131407	gris-foncé	1916	Lockay 103425	Matelote 109859
Quadratin	132473	gris	1916	Loto 104424	Fileuse 90112
Quadre	130220	noir	1916	Lustre 99965	Longitude 99769
Quadre	132552	gris	1916	Lagor 100512	Indiana 98604
Quadre	132725	noir	1916	Kolomb 96547	Isa 82793
Quadri	132470	bai	1916	Mulassier 110853	Grivoise 72802
Quadricolore	130881	noir	1916	Laceron 98868	Kabbasse 91232
Quadricycle	128838	gris-foncé	1916	Kalot 92507	Magique 68003
Quadriennal	128840	noir-zain	1916	Kalot 92507	Mêlée 106345
Quadriennal	132476	gris	1916	Mûrier 110866	Muscarine 110876
Quadrifolié	128841	gris-foncé	1916	Libéral 100349	Lahaye 103655
Quadrifrons	131102	noir	1916	Huitain 73993	Frisette 67869
Quadrigal	132550	gris	1916	Isaac 78892	Hallebarde 78205
Quadrigo	131277	noir	1916	Kivac 94730	Goguette 72566
Quadrige	131327	noir	1916	Idomen 83507	Léandre 98879
Quadrige	132727	gris	1916	Karapath 97283	Furette 74987
Quadrilatéral	131325	gris	1916	Klocher 95657	Flore 53751
Quadrilatère	131318	gris	1916	Léandre 99625	Guitare 72712
Quadrillan	132602	gris t.-f.	1916	Mimosa 109651	Kraquinette 96703
Quadrillé	128842	gris	1916	Lalo 100197	Maurandie 106451
Quadrille	128909	noir	1916	Mareuil 53313	Hortense 93272
Quadrillé	131319	gris-r.	1916	Maudit 106271	Jaquette 88925
Quadrille	131645	gris-foncé	1916	Idomen 83507	Narbonnaise 11777
Quadrillé	132479	gris	1916	Kaisson 97384	Muette 110837
Quadrillé	132551	noir	1916	Michel 105189	Mina 56854
Quadrille	132728	gris-foncé	1916	Karapath 97283	Koranette 97261
Quadrillo	132617	gris-foncé	1916	Lapsus 104417	Quine 51094
Quadrilobé	128843	gris-foncé	1916	Kalot 92507	Impression 80117
Quadrilobé	130126	noir	1916	Lescapé 99345	Galante 71993

NOM	N°	ROBE	Naissance	PÈRE	MÈRE
Quadrinôme	131320	gris-foncé	1916	Moy 105798	Moleskine 110002
Quadrinôme	132480	noir zain	1916	Languedoc 104423	Hasardaise 78354
Quadrivium	128844	gris-foncé	1916	Lambeau 101706	Jacobite 87962
Quadrivium	132484	gris	1916	Mahomet 111329	Kalèche 97395
Quadrumane	131684	gris-foncé	1916	Léandre 99625	Jacquette 88852
Quadrumane	132528	gris-foncé	1916	Lagor 100512	Massue 111131
Quadrumane	132619	gris vin.	1916	Lapsus 104417	Lisette 61020
Quadrupède	128845	gris-foncé	1916	Lambeau 101706	Lanne 101708
Quadrupède	128930	noir	1916	Lescape 99345	Justilianne 85854
Quadrupède	130082	gris-foncé	1916	Lescape 99345	Brillante 61256
Quadrupède	131510	noir	1916	Ledon 101823	Flatteuse 64671
Quadrupède	132601	gris-foncé	1916	Maquis 110284	Moravie 111176
Quadrupède	132644	noir-zain	1916	Marceau 107660	Lancette 104416
Quadruplex	128846	bai-tr. f.	1916	Kadet 92507	Mouvette 84359
Quadruplex	131043	noir	1916	Kibus 96690	Harlette 98573
Quadruplex	132483	gris	1916	Machiavel 104897	Lady 101386
Quadry	130120	noir	1916	Lilacret 99738	Gène 69752
Quaduc	129371	gris-foncé	1916	Japon 84819	Juridiction 85218
Quaduc	129616	gris	1916	Lafayette 100646	Lisette 59535
Quafaipipy	129372	noir	1916	Japon 84819	Pipelette 68141
Quafait	129366	gris	1916	Menu 105555	Louve 99764
Quafard	128943	gris	1916	Laboureur 104443	Médaille 105312
Quafard	129379	gris-foncé	1916	Menu 105555	Kébira 89854
Quafard	129618	gris-clair	1916	Képi 91690	Pâquerette 57423
Quafard	131412	noir	1916	Kourlis 95894	Haie 75342
Quafetier	130015	noir	1916	Lustre 99965	Mireille 111438
Quaftan	129621	gris	1916	Marinier 107253	Bijou 54340
Quageot	129623	gris	1916	Mameluck 105511	Kassine 91038
Quagnard	129624	noir-zain	1916	Mameluck 105511	Kadispose 90288
Quagneux	129629	noir-zain	1916	Laperrau 100259	Mirabelle 61277
Quagot	130212	gris-foncé	1916	Josué 88841	Loude 103457
Quagot	131414	gris-foncé	1916	Heainae 75604	Fauvette 90118
Quahier	129635	gris-clair	1916	Illettré 81310	Ignatie 80279
Quahot	129637	gris-foncé	1916	Lambeau 101706	Latrie 100681
Quahot	131420	noir	1916	Heainae 75604	Sylvie 60423
Quai	128847	gris-foncé	1916	Lalo 100197	Luciole 99928
Quai	129307	gris-clair	1916	Fier-à-Bras 65250	Rustique 50157
Quai	131043	gris	1916	Kibus 96690	Idotée 82889
Quai	131329	gris-tr. -f.	1916	Kerango 95253	Hardie 84541
Quai	132484	gris	1916	Limeur 103795	Farandole 90116
Quai	132571	noir	1916	Lagor 100512	Jonction 89147
Quai	132628	gris-r.	1916	Lion 101492	Galettée 96845
Quaïd	129638	noir	1916	Juvénal 83553	Odorante 67871
Quaïd	131422	gris-foncé	1916	Lamantin 103615	Libellule 51399
Quaïdat	129639	noir	1916	Lichas 98731	Jouhe 88601

NOM	N°	ROBE	Naissance	PÈRE	MÈRE
Quaillebotis	131423	gris-foncé	1916	Lamantin 103615	Dolorès 68057
Quaillo	130103	gris	1916	Lorientais 103276	Tranquille 50792
Quaillon	129382	noir	1916	Japon 84819	Mazeppa 105957
Quaillot	129641	gris-clair	1916	Kontemporain 91579	Kolisée 91972
Quaillou	129642	noir	1916	Kontemporain 91579	Ibérie 80976
Quailloutis	129647	gris-t.-f.	1916	Lasso 103951	Lisette 62129
Quaïman	129648	gris	1916	Kroquet 91851	Huette 73904
Quaïman	131428	noir	1916	Lot 100380	Maternelle 109861
Quaiseur	132573	gris	1916	Michel 105189	Elisa 64174
Quaiseur	132646	noir	1916	Lapsus 104417	Kalabraise 93874
Quaissier	129650	gris-foncé	1916	Loiret 99645	Métalepse 107785
Quaissier	131430	noir	1916	Luron 97902	Lustrine 102717
Quaisson	129652	gris-foncé	1916	Koutus 93623	Lisette 81777
Quaisson	131431	noir	1916	Heainne 75604	Héloïse 76513
Quaissot	128048	gris-foncé	1916	Josué 88841	Notule 112428
Quaix	128824	noir	1916	Jouillat 88642	Judith 86822
Quaizer	130274	noir	1916	Mordicant 110698	Colombe 61454
Quajoleur	129654	noir	1916	Lentigo 99397	Liure 100802
Quaker	128848	bai-clair	1916	Lalo 100197	Charmante 97069
Quaker	129260	gris t.-cl.	1916	Kontemporain 91579	Lobélie 101041
Quaker	130083	gris	1916	Libouret 99738	Habileté 76492
Quaker	130245	gris-foncé	1916	Illettré 81310	Glume 71124
Quaker	131103	alezan-cl.	1916	Huitain 73993	Bijou 78537
Quaker	131685	gris-fer	1916	Moy 105798	Sorette 59547
Quaker	132485	gris	1916	Lippu 103846	Mirette 111268
Qual	131433	gris-foncé	1916	Lyonnais 102760	Linition 100743
Qualabrais	129657	gris	1916	Mameluck 105511	Coquette 50445
Qualabrais	131434	noir	1916	Lyonnais 102760	Charmante 87700
Qualadion	131436	noir	1916	Lyonnais 102760	Labesnarderie 103607
Qualais	130651	noir	1916	Kontemporain 91579	Gourgane 70738
Qualao	131445	noir	1916	Lyonnais 102760	Miss 110606
Qualchas	130652	gris-foncé	1916	Mylord 107421	Kasuistique 91179
Qualcin	129682	noir	1916	Larpent 99117	Lokette 99772
Qualcin	131447	gris-foncé	1916	Lyonnais 102760	Midinette 110520
Qualcium	129681	n.-m.-t.	1916	Maquignon 106317	Lisette 104751
Qualcium	131452	gris-foncé	1916	Lyonnais 102760	Matrice 109886
Qualcul	129680	noir-zain	1916	Maquignon 106317	Klopette 104754
Qualcul	131453	noir	1916	Lyonnais 102760	Kératite 95311
Qualculeux	131454	gris-clair	1916	Lyonnais 102760	Kouline 95875
Qualderon	130656	gris-foncé	1916	Libéral 100349	Girouette 71818
Qualé	131455	noir	1916	Lyonnais 102760	Méandrine 109920
Qualebassier	131459	noir	1916	Lyonnais 102760	Larenardière 103621
Qualédonien	130655	noir	1916	Mylord 107421	Labézardière 100545
Qualembour	129683	noir	1916	Larpent 99117	Caroline 62127
Qualembour	131463	gris-fer	1916	Liguori 103360	Poule 98372

NOM	N°	ROBE	Naissance	PÈRE	MÈRE
Qualendrier	129414	noir zain	1916	Larpent 99117	Kassoula 89835
Qualendrier	131466	gris-foncé	1916	Liguori 103360	Kabylie 98519
Qualepin	129415	gris	1916	Larpent 99117	Moldavie 105771
Qualepin	130659	noir	1916	Kontemporain 91579	Charlotte 74982
Qualepin	131468	noir zain	1916	Lorientais 103276	Hameçonnée 75363
Qualfat	129416	gris-foncé	1916	Maquignon 106317	Maxée 106339
Qualfat	131473	noir	1916	Liguori 103360	Kanitie 95590
Quali	128929	gris-f.-f.	1916	Eton 100756	Ingénieuse 93407
Quali	130133	gris-tr.-cl.	1916	Juvénal 83553	Rosette 63032
Quali	132441	gris	1916	Machiavel 104897	Livie 103887
Qualicot	129418	gris	1916	Fier à Bras 65250	Civette 46659
Qualicot	131477	noir	1916	Misanthrope 106210	Lutèce 103528
Qualifat	131480	noir	1916	Lot 100380	Inhabile 80421
Qualife	131482	noir	1916	Mordicant 110698	Mingrélie 107402
Qualifiable	131711	gris-fer	1916	Gratien 71007	Lisette 98195
Qualificateur	128849	noir	1916	Kontemporain 91579	Kordoue 92005
Qualificatif	128852	gris-clair	1916	Kroquet 91851	Bordelaise 66583
Qualificatif	130062	noir	1916	Laboureur 104443	Halfa 76291
Qualifié	128850	noir	1916	Kroquet 91851	Fleurette 64894
Qualifié	130068	gris-vin.	1916	Laboureur 104443	Jacasseuse 86508
Qualifié	131377	noir-zain	1916	Incident 80133	Libéria 104564
Qualifié	131707	gris-foncé	1916	Lamantin 103615	Illusion 82564
Qualifié	132486	gris	1916	Limeur 103795	Joinville 98556
Qualifié	132639	noir-zain	1916	Lapsus 104417	Hursule 73755
Quâlin	129558	noir	1916	Képi 91690	Isabeau 66236
Qualinot	129425	gris-foncé	1916	Limon 99810	Kroquette 93687
Qualitatif	131715	noir	1916	Lycaon 103544	Boussole 65046
Qualleux	129426	noir	1916	Limon 99810	Nana II 42643
Quallot	130666	gris-foncé	1916	Karolus 93008	Framboise 50527
Qualmar	129427	noir	1916	Larpent 99117	Lombardie 99172
Qualmar	131485	noir	1916	Misanthrope 106210	Jamaïque 88497
Qualmet	130669	gris-foncé	1916	Kontemporain 91579	Denise 64946
Qualomel	129430	gris	1916	Larpent 99117	Givette 69637
Qualomel	131487	gris-foncé	1916	Misanthrope 106210	Lisette 59630
Qualopoulos	130105	gris-foncé	1916	Ivan 81244	Irénée 78899
Qualot	128821	gris-foncé	1916	Kalot 92507	Gabare 71212
Qualot	129432	noir	1916	Languier 100640	Moustille 107010
Qualot	131492	gris-fer	1916	Lagor 100512	Jalapa 88492
Qualotin	131494	gris-foncé	1916	Misanthrope 106210	Lisette 54383
Qualquoir	129435	gris	1916	Lucumon 100857	Guédiste 69297
Qualumet	129438	gris	1916	Marinier 107253	Kordre 90365
Qualumet	131497	gris-vin.	1916	Libouret 99738	Martelle 109833
Qualvados	129441	gris-vin.	1916	Mameluck 105511	Ladre 101754
Qualvados	131498	gris-foncé	1916	Mordicant 110698	Linette 100736
Qualvin	130681	gris - clair	1916	Kontemporain 91579	Charmante 61463

NOM	N°	ROBE	Naissance	PÈRE	MÈRE
Qualypso	130677	gris-clair	1916	Kontemporain 91579	Kastille 95984
Quamaïeu	129446	bai	1916	Lentigo 99397	Henrietta 73777
Quamail	129445	bai	1916	Lumineux 100865	Hébé 73482
Quamail	131500	noir	1916	Misanthrope 106210	Nosographie 115864
Quambodgien	131501	noir-zain	1916	Lagor 100512	Juilles 85299
Quambon	130686	gris-clair	1916	Kontemporain 91579	Loutre 103288
Quambouis	129450	gris	1916	Languier 100640	Mélie 54465
Quambouis	131505	bai-chât.	1916	Misanthrope 106210	Vaillante 50573
Quambrai	129449	gris	1916	Languier 100640	Irritation 79086
Quambrai	131502	noir	1916	Lyonnais 102760	Matérielle 109860
Quambrien	131503	gris-clair	1916	Misanthrope 106210	Mexicaine 110503
Quambrioleur	131507	noir	1916	Lagor 100512	Marquise 81833
Quambronne	130685	gris-t.-f.	1916	Kalot 92507	Rosette 98066
Quambusier	129451	gris	1916	Kontus 93623	Hébé 74529
Quambusier	131508	gris-foncé	1916	Misanthrope 106210	Théodarde 51801
Quaméléon	129452	gris	1916	Kimberley 92885	Morgue 106925
Quaméléon	131516	noir	1916	Lescapé 99345	Mâtine 109868
Quamelot	128828	gris	1916	Képi 91690	Moutarde 105597
Quamelot	129453	gris	1916	Kimberley 92885	Ile 80947
Quamelot	130750	gris fer	1916	Lockray 103425	Kameline 95601
Quamelot	131517	gris-foncé	1916	Lescapé 99345	Matinée 109876
Quamembert	131518	noir-zain	1916	Lagor 100512	Lombarde 103442
Quamembert	129454	noir	1916	Lumineux 100865	Maturité 108150
Quamérier	129457	noir	1916	Logis 99269	Kalmia 96266
Quamérier	131521	gris-foncé	1916	Lockray 103425	Malandre 107619
Quameroun	130689	gris	1916	Kontemporain 91579	Castille 56425
Quamion	129316	noir	1916	Fier-à Bras 65250	Lamia 98876
Quamion	129458	noir	1916	Logis 99269	Iton 83102
Quamion	131523	gris-foncé	1916	Lockray 103425	Haussière 75803
Quamouflet	129459	gris	1916	Logis 99269	Junon 87099
Quamouflet	131526	gris-foncé	1916	Lyonnais 102760	Malandre 106003
Quamp	129460	gris	1916	Logis 99269	Ivrée 83096
Quamp	131528	gris-foncé	1916	Lot 100380	Biche 75222
Quampagnard	131529	noir	1916	Lyonnais 102760	Jovialité 85154
Quampagnol	129462	gris	1916	Logis 99269	Active 64676
Quampagnol	131530	noir	1916	Kongo 91996	Loyale 103477
Quampé	131531	noir	1916	Kongo 91996	Nérée 116341
Quamphrier	129463	noir	1916	Logis 99269	Camargue 93893
Quampos	129464	gris	1916	Korallien 91611	Fauvette 63351
Quampos	131535	bai-foncé	1916	Misanthrope 106210	Espiègle 69074
Quamquan	128855	gris-foncé	1916	Kroquet 91851	Kaussade 91954
Quamus	129466	gris	1916	Languier 100640	Coquette 54278
Quamus	130692	gris	1916	Korallien 91611	Madère 64983
Quanada	129467	gris	1916	Languier 100640	Micheline 106279
Quanada	130694	noir	1916	Lesta 101962	Imbue 81455

NOM	N°	ROBE	Naissance	PÈRE	MÈRE
Quanaille	129468	gris	1916	Lucumon 100857	Kause 91198
Quanal	129469	gris clair	1916	Lucumon 100857	Soizette 64783
Quanal	131538	gris-foncé	1916	Kagot 92240	Giletière 71801
Quanapé	129471	gris-foncé	1916	Morlaix 105709	Indore 81046
Quanaque	130697	noir	1916	Loiret 99645	Cocotte 52285
Quanard	129472	noir	1916	Morlaix 105709	Isolation 81353
Quanard	131542	gris-foncé	1916	Lagor 100512	Lydie 103536
Quanardeau	131543	gris-foncé	1916	Misanthrope 106210	Jacobine 86046
Quanari	129322	gris	1916	Japon 84819	Kinate 90573
Quanari	129719	gris-vin.	1916	Lannes 100896	Labrulière 100628
Quanari	131544	bai-foncé	1916	Lorientais 103276	Kraponne 96588
Quanasson	128862	noir	1916	Kalot 92507	Larme 100664
Quanat	132442	gris	1916	Menteur 111395	Gazelle 73196
Quancan	129720	gris	1916	Lucumon 100857	Lance 100234
Quancan	131545	gris-foncé	1916	Lupin 104482	Rigolette 61039
Quancanier	129735	noir	1916	Képi 91690	La Noire 59327
Quancanier	131547	noir	1916	Iran 81119	Négresse 56265
Quancer	129728	bai	1916	Képi 91690	Mascotte 107254
Quancer	130698	noir	1916	Karolus 93008	Monère 106887
Quancre	129736	bai	1916	Képi 91690	Inverse 80588
Quancrelat	129734	noir-zain	1916	Fier-à-Bras 65250	Milliasse 107845
Quancrelat	131551	noir	1916	Quinquina 68945	Kafé 94824
Quand	128854	gris	1916	Lods 100359	Illettrée 79714
Quand	128919	noir	1916	Indécis 83374	Havanaise 78082
Quand	130111	gris-foncé	1916	Ivan 81244	Indécision 79162
Quand	131105	noir	1916	Huitain 73993	Jachée 88142
Quand	132490	gris	1916	Logicien 103918	Munition 110855
Quandi	129727	noir	1916	Képi 91690	Kolympe 90345
Quandidat	129723	bai	1916	Képi 91690	Jarre 84857
Quand-Même	128884	noir	1916	Kalot 92507	Jarnoisse 88421
Quand-Même	128896	noir-zain	1916	Laceron 98868	Hermine 98485
Quand-Même	131284	gris-vin.	1916	Larmier 99314	Splendide 68000
Quand-Même	132621	noir	1916	Lion 101492	Amanda 49321
Quand-Même	132642	noir-zain	1916	Lapsus 104417	Miguette 104837
Quaneton	129280	gris	1916	Morlaix 105709	Brillante 65545
Quaneton	129729	noir	1916	Képi 91690	Marole 107255
Quaneton	131557	noir	1916	Lion 100756	Lamette 100217
Quanevas	129730	gris	1916	Lucumon 100857	Harlette 74389
Quanevas	131558	gris-foncé	1916	Quinquina 68945	Monture 109004
Quanezou	131560	noir	1916	Misanthrope 106210	Junon 90157
Quaniche	131561	noir	1916	Heaume 75604	Jacasse 87162
Quanif	129731	noir-zain	1916	Fier-à-Bras 65250	Bibie 58232
Quanif	131562	noir	1916	Kagot 92240	If 79309
Quanigou	130699	gris	1916	Loiret 99645	Godine 70016
Quanin	129723	gris	1916	Képi 91690	Loque 99044

NOM	N°	ROBE	Naissance	PÈRE	MÈRE
Quanin	131563	noir	1916	Quinquina 68945	Fusette 68378
Quanisy	130701	gris	1916	Karolus 93008	Kôme 91978
Quaniveau	129733	noir	1916	Képi 91690	Malice 54562
Quaniveau	131566	noir	1916	Iran 81119	Hougue 98397
Quanivot	130128	noir-zain	1916	Lasso 103951	Juroterie 86507
Quankre	130119	gris	1916	Lorientais 103276	Lisette 49317
Quanneur	129739	gris	1916	Fier-à-Bras 65250	Noctuelle 113511
Quanneur	131572	noir	1916	Quinquina 68945	Hie 75765
Quannibal	129740	gris	1916	Fier-à-Bras 65250	Vermouth 65348
Quano	130703	gris-foncé	1916	Loiret 99645	Moselle 111443
Quanon	129742	gris clair	1916	Fier-à-Bras 65250	Girardière 57784
Quanon	130085	noir	1916	Libouret 99738	Sabine 64773
Quanon	131160	gris-clair	1916	Lycaon 103544	Librairie 104183
Quanonial	129687	noir	1916	Iran 81119	Igue 82897
Quanonnier	129689	noir	1916	Lot 100380	Locuste 103430
Quanossa	130706	noir	1916	Karolus 93008	Garote 69866
Quanot	129690	noir	1916	Quinquina 68945	Jarnage 88426
Quanot	131163	noir-zain	1916	Lycaon 103544	Garlotte 98378
Quanotier	129691	gris-fer	1916	Quinquina 68945	Kaïnite 94818
Quanova	130707	noir	1916	Karolus 93008	Lilie 68547
Quanrobert	130708	noir	1916	Karolus 93008	Judaïsme 86239
Quansert	128931	noir	1916	Lescapé 99345	Mèche 105956
Quant	128856	noir	1916	Kalot 92507	Navaja 113950
Quantal	129692	gris-foncé	1916	Lysias 103555	Kordelle 95028.
Quantal	130765	gris	1916	Languier 100640	Mortadelle 106939
Quantal	131164	gris-fer	1916	Lycaon 103544	Libration 104185
Quantalou	130228	gris t.-f.	1916	Laboureur 104443	Lancette 56205
Quantaloup	129277	gris	1916	Japon 84819	Jaire 85774
Quantaloup	129693	noir	1916	Kontemporain 91579	Gastille 98068
Quantaloup	131165	gris-clair	1916	Lycaon 103544	Gonesse 72098
Quantième	129214	noir	1916	Célibat 64968	Gaine 93402
Quantième	130229	gris-foncé	1916	Libouret 99738	Liste 97932
Quantième	131317	gris-foncé	1916	Maudit 106271	Magistrale 110972
Quantien	129535	gris	1916	Lilas 99350	Lukatte 99095
Quantilly	128970	gris-foncé	1916	Monitor 110654	Pimpante 50213
Quantinier	129695	noir	1916	Képi 91690	Lotte 100381
Quantitatif	128857	gris-t.-cl.	1916	Libéral 100349	Poulette 98076
Quanton	129698	gris	1916	Marsin 109642	Lusitanie 98828
Quanton	130262	noir	1916	Montretout 106337	Nymphe 113375
Quanton	130766	gris-clair	1916	Languier 100640	Kousine 91370
Quanton	131168	gris-foncé	1916	Lycaon 103544	Lisette 41420
Quantum	128858	gris	1916	Kalot 92507	Mainte 107587
Quantum	131713	gris-fer	1916	Klocher 95657	Maculature 111112
Quantum	132487	gris	1916	Lippu 103846	Idole 82755
Quantum	132622	noir	1916	Lion 104492	Isocélie 83183

NOM	N°	ROBE	Naissance	PÈRE	MÈRE
Quantum	132698	bai-chat.	1916	Lapsus 104417	Mère 109727
Quaolin	128963	noir	1916	Labruty 99249	Louche 100384
Quaolin	132443	noir	1916	Mûrier 110866	Kanaza 96803
Quap	131171	gris-fer	1916	Lysias 103555	Lisa 50626
Quapelan	129702	gris	1916	Mirabeau 109361	Jacqueline 83653
Quapelan	131174	bai-foncé	1916	Lysias 103555	Joyeuse 87479
Quapelet	129703	noir	1916	Mirabeau 109361	Lyonnaise 98847
Quapelet	131175	noir	1916	Mercy 105783	Gisette 98386
Quapet	130758	gris	1916	Languier 100640	Laguiche 99037
Quapétien	129704	noir	1916	Mirabeau 109361	Impasse 81316
Quapétien	131181	bai-foncé	1916	Lascif 103725	Lissa 103403
Quapiston	129345	noir	1916	Microbe 105766	Canelle 68445
Quapitaine	128810	gris	1916	Laboureur 104443	Meurette 106105
Quapitaine	129713	gris-foncé	1916	Molière 105351	Madère 93435
Quapitaine	130759	gris	1916	Languier 100640	Lamaserie 100600
Quapitaine	131182	noir	1916	Lockray 103425	I-ba 82145
Quapital	129714	gris-foncé	1916	Molière 105351	Mégère 109952
Quapital	131184	bai-chat.	1916	Lycaon 103544	Héliade 78309
Quapitan	129716	gris	1916	Lyonnais 102760	Marraine 109812
Quapitan	131185	noir	1916	Lycaon 103544	Impénitente 82524
Quapiteux	129717	gris-foncé	1916	Lyonnais 102760	Jambette 88186
Quapiteux	131188	noir	1916	Lockray 103425	Isare 82094
Quapito	130756	gris-clair	1916	Kontus 93623	Noiseraie 113527
Quapitole	129749	noir	1916	Matériel 106248	Fleurette 59309
Quapiton	129750	gris	1916	Jalap 84194	Lilie 65186
Quapitoul	129751	gris	1916	Lafayette 100646	Gamine 70180
Quapitoulat	129753	noir	1916	Matériel 106248	Javeline 83843
Quapitulard	129752	noir	1916	Lafayette 100646	Badine 63071
Quapon	129755	noir	1916	Lansquenet 99293	Nouille 113193
Quapon	129053	noir	1916	Iowa 80989	Karpelle 93009
Quaporal	129757	noir	1916	Matériel 106248	Lotie 101248
Quaporal	131197	gris-foncé	1916	Lycaon 103544	Fabiola 67924
Quapot	129761	noir	1916	Matériel 106248	Gâtine 69434
Quapot	131198	noir	1916	Lamantin 103615	Induse 93452
Quapouth	129019	gris-foncé	1916	Lescapé 99345	Herpasse 74811
Quâprier	129762	gris	1916	Lafayette 100646	Castille 58689
Quaprin	129763	gris-foncé	1916	Lafayette 100646	Liberté 100988
Quaprin	131199	bai-foncé	1916	Lamantin 103615	Membrane 110365
Quapron	129479	gris	1916	Matériel 106248	Harmonie 74092
Quapron	131196	gris-fer	1916	Lycaon 103544	Jabloire 88939
Quapron	131200	gris-foncé	1916	Lamantin 103615	Brebis 73415
Quapronier	129480	gris	1916	Matériel 106248	Bijou 50725
Quaptal	129481	noir	1916	Matériel 106248	Herpinière 74130
Quaptieux	129484	noir	1916	Matériel 106248	Malice 61968
Quapuchon	129489	noir	1916	Matériel 106248	Mariette 48196

NOM	N°	ROBE	Naissance	PÈRE	MÈRE
Quapuchon	131205	gris-foncé	1916	Loris 100377	Jeurre 88578
Quapucin	129486	gris	1916	Lucumon 100857	Rigolette 54186
Quapucin	131208	gris-fer	1916	Lycaon 103544	Korète 95032
Quapulet	129491	gris-foncé	1916	Languier 100640	Hermine 73775
Quapulet	131209	gris-foncé	1916	Lysias 103555	Lajonquière 104708
Quaquaq	130076	gris	1916	Laboureur 104443	Rosette 57455
Quaquet	129495	gris	1916	Matériel 106248	Lisette 47963
Quaquet	131211	noir	1916	Kourly 92764	Marquise 59679
Quaqueur	129496	gris	1916	Lucumon 100857	Eliane 62207
Quaquo	130016	noir	1916	Lustre 95965	Imagerie 78756
Quar	129497	noir	1916	Matériel 106248	Kouverte 90474
Quarabé	129498	gris	1916	Matériel 106248	Kroute 90493
Quarabin	129501	gris	1916	Matériel 106248	Castille 57822
Quarabin	131214	gris-foncé	1916	Mercy 103783	Polka 98364
Quarabinier	129504	gris	1916	Lafayette 100646	Bijou 54248
Quarabinier	131215	gris-foncé	1916	Instar 78857	Iodée 81073
Quaraco	129503	gris	1916	Lafayette 100646	Koquette 93127
Quaraco	131217	gris-foncé	1916	Lycaon 103544	Huniade 76114
Quaracul	131218	noir	1916	Idomen 83507	Monodie 110656
Quarafon	129505	gris	1916	Lucumon 100857	Linotte 47317
Quarafon	131219	gris-foncé	1916	Idomen 83507	Monnaie 110655
Quaragan	129557	gris-tr.-f.	1916	Lambeau 101706	Kanule 90751
Quaragan	130206	gris	1916	Kontemporain 91579	Kathema 93913
Quaramba	129507	gris	1916	Languier 100640	Latude 100928
Quaramba	131221	gris fer	1916	Léandre 99625	Judicieuse 88749
Quaramel	129508	noir	1916	Koncou 91328	Jolie 83945
Quaramel	131223	noir zain	1916	Léandre 99626	Hémistiche 78297
Quarantans	129406	noir	1916	Jallieu 86306	Montagne 105389
Quarante	131283	gris	1916	Huron 77627	Kanette 94408
Quarante	131286	gris-foncé	1916	Korallien 91614	Camille 56770
Quarante	132488	gris	1916	Lippu 103846	Hermine 93533
Quarantenaire	131714	gris	1916	Klocher 95657	Jarretière 88685
Quarantième	131710	gris	1916	Moraillon 106617	Montante 110668
Quarat	129509	gris-l.-v.	1916	Kontus 93623	Lusace 99247
Quarat	131224	gris-f.	1916	Idomen 83507	Hégire 77912
Quarbert	129510	gris	1916	Languier 100640	Ligne 99348
Quarbet	131225	noir	1916	Léandre 99625	Jurande 98518
Quarbonado	129511	gris	1916	Languier 100640	Honteuse 74286
Quarbonado	131226	noir	1916	Léandre 99625	Isocèle 98419
Quarbonaro	129513	gris	1916	Languier 100640	Bijou 49322
Quarbure	131227	gris-foncé	1916	Idomen 83507	Montagne 110664
Quarcailler	131228	noir	1916	Idomen 83507	Montaison 110665
Quarcajou	129515	gris	1916	Languier 100640	Zélie 54395
Quarcajou	131230	bai-cerise	1916	Idomen 83507	Aurore 60293
Quarcan	129776	noir	1916	Lesta 101962	Esméralda 90079

NOM	N°	ROBE	NAISSANCE	PÈRE	MÈRE
Quarcan	131232	gris-foncé	1916	Lamantin 103615	Marie 109836
Quarcel	130752	noir	1916	Loiret 99645	Sapette 66870
Quardan	130769	gris-tr.-f.	1916	Juvénal 83553	Karence 90823
Quardère	131236	noir	1916	Idomen 83507	Castille 78514
Quarderon	131031	noir	1916	Importun 80576	Image 98048
Quardeur	130751	gris	1916	Loiret 99645	Hivette 76826
Quardeur	131237	gris-foncé	1916	Idomen 83507	Meute 110493
Quardevin	130078	gris-foncé	1916	Laboureur 104443	Karavane 90796
Quardheur	129070	gris-foncé	1916	Fier-à-Bras 65250	Lichette 99101
Quardheur	131696	noir	1916	Ichneumon 89679	Kharkof 96181
Quardheure	129393	gris	1916	Homard 74692	Floride 66254
Quardheure	132567	noir	1916	Michel 105189	Blonde 64801
Quardia	129782	gris	1916	Loiret 99645	Lépante 100972
Quardiff	130770	gris-clair	1916	Juvénal 83553	Judéenne 84594
Quardinal	129783	noir	1916	Loiret 99645	Brillantine 55324
Quardinal	131238	gris-fer	1916	Moraillon 105617	Karmante 97650
Quardinalat	129791	noir	1916	Lilas 99350	Brillante 81808
Quardon	129784	gris clair	1916	Loiret 99645	Marcassite 108609
Quardon	131242	noir-zain	1916	Lamantin 103615	Khartoum 96192
Quaregnon	129261	noir	1916	Lods 100359	La corvée 99906
Quaregnon	131111	gris tr.-f.	1916	Huitain 73993	Javotte 85865
Quaressant	129785	gris	1916	Loiret 99645	Scala 45210
Quaret	129788	noir	1916	Lesta 101962	Koharte 92630
Quaret	131243	gris-foncé	1916	Lamantin 103615	Momie 110013
Quarex	129789	noir	1916	Matériel 106248	Geneviève 70579 bis
Quarex	131250	gris-foncé	1916	Lamantin 103615	Kagoule 95476
Quargo	129790	noir	1916	Lanturlu 98687	Lubrique 100401
Quargo	131244	gris-fer	1916	Lamantin 103615	Castille 64484
Quarhaix	130771	gris-foncé	1916	Juvénal 83553	Huitaine 73994
Quarien	129743	gris	1916	Guignolet 70023	Moscatelle 105951
Quarien	131251	noir	1916	Heaume 75604	Ino 79342
Quarier	129745	gris-clair	1916	Kroquet 91851	Lamaserie 101698
Quarignan'	130772	gris foncé	1916	Laceron 98868	Impalpable 82243
Quarikal	129297	gris	1916	Fier à Bras 65250	Jeunesse 85783
Quarillon	129473	noir	1916	Kalot 92507	Jacasse 85707
Quarillon	131252	gris-foncé	1916	Lamantin 103615	Courlande 65976
Quarique	129317	gris-vin.	1916	Képi 91690	Magdaléna 105974
Quarlin	129474	gris-foncé	1916	Kalot 92507	Laiche 101683
Quarlin	131253	gris-foncé	1916	Lamantin 103615	Leuvette 87587
Quarliste	131258	gris-fer	1916	Lutécien 102720	Impie 78820
Quarlos	130716	gris	1916	Lumineux 100865	Larigne 100900
Quarlovingien	131260	gris-vin.	1916	Iran 81119	Ibérie 98399
Quarlux	130717	gris	1916	Limon 99810	Lamazure 101267
Quarmaux	130718	gris	1916	Fier-à-Bras 65250	Isis 80140
Quarmin	129477	gris-bleu	1916	Loyal 99053	Impalpable 80033

NOM	N°	ROBE	Naissance	PÈRE	MÈRE
Quarmin	131254	gris-foncé	1916	Lamantin 103615	Isope 98409
Quarmines	130715	gris-fer	1916	Jasmin 83835	Herpine 74275
Quarnac	130721	gris	1916	Mercy 105783	Katalane 94910
Quarnassier	131256	gris-foncé	1916	Lamantin 103615	Mésestime 110454
Quarnaval	129520	gris-foncé	1916	Kalot 92507	Halize 76463
Quarnaval	129584	noir	1916	Mirliton 105710	Gigogne 98152
Quarnaval	131257	noir	1916	Héaume 75604	Konstruction 91578
Quarnero	128886	noir	1916	Loyal 99953	Khadidja 89755
Quarnero	129262	noir	1916	Kontemporain 91579	Halurgie 74367
Quarnero	131112	gris-fer-f.	1916	Huitain 73993	Polka 57513
Quarnet	129521	noir	1916	Illettré 81310	Mentiane 106381
Quarnet	131263	noir	1916	Lafayette 100646	Iconologie 79697
Quarnier	129522	noir	1916	Kalot 92507	Lamelle 101712
Quarnot	128957	gris-foncé	1916	Logis 99269	Lalin 99579
Quarnot	130722	gris-fer	1916	Loris 100377	Intrépide 93448
Quaro	130723	noir	1916	Huitain 73993	Sésostrie 65551
Quarol	130730	gris-clair	1916	Lyonnais 102760	Gripette 70433
Quarolingien	129524	gris-vin.	1916	Lapereau 100259	Célestine 61368
Quarelus	129523	noir	1916	Marsin 107272	Caline 58096
Quarolus	130727	noir	1916	Lagor 100512	Lacune 99639
Quaron	130724	gris-foncé	1916	Lagor 100512	Kachette 92954
Quarotteur	129530	noir-zain	1916	Jouillat 88642	Kamenetz 95284
Quarotteur	131574	noir	1916	Lion 100756	Nime 116402
Quaroubier	129531	gris	1916	Languier 100640	Moinerie 106579
Quarpeau	129533	gris	1916	Languier 100640	Finette 58587
Quarpeau	131577	gris-foncé	1916	Lagan 101678	Mare 107204
Quarpeaux	130737	noir	1916	Lamarck 100517	Marquise 57080
Quarpi	130739	noir	1916	Jouillat 88642	Houssaye 77012
Quarpien	129766	noir rub.	1916	Lapereau 100259	Grisette 71490
Quarpien	131581	noir	1916	Huitain 73993	Hélène 90015
Quarpillon	129768	gris	1916	Lods 100359	Modène 105213
Quarpillon	131584	bai-chât.	1916	Huitain 73993	Kortone 94121
Quarpocrate	130740	gris-foncé	1916	Lanier 101743	Konia 95270
Quarquois	129769	bai	1916	Lods 100359	Mygale 107043
Quarquois	131586	noir	1916	Lagan 101678	Jumelle 88347
Quarré	128825	gris-clair	1916	Jean-qui-rit 88772	Lactoline 100568
Quarré	128859	gris-clair	1916	Kalot 92507	Haleine 74732
Quarré	128876	gris	1916	Lasso 103951	Paquerette 55097
Quarré	129264	noir	1916	Lapereau 100259	Gracieuse 71837
Quarré	129770	gris	1916	Lods 100359	Malines 105482
Quarré	130777	noir	1916	Iowa 80989	Manie 107961
Quarreau	129794	noir	1916	Guignolet 70023	Gauchette 70666
Quarreau	131590	gris-foncé	1916	Misanthrope 106210	Bijou 48220
Quarrefour	128891	noir	1916	Lanier 101743	Lucine 101311
Quarrefour	129795	noir	1916	Kroquet 91851	Mantille 109400

NOM	N°	ROBE		PÈRE	MÈRE
Quarrelet	129794	gris	1916	Iowa 80989	Maie 105413
Quarrelet	131594	noir	1916	Quinquina 68945	Nice 116384
Quarreleur	129797	noir	1916	Iowa 80989	Magnanerie 105400
Quarrick	130195	gris	1916	Larcaçon 100857	Lauaie 100611
Quarrick	131600	noir	1916	Lupin 104482	Bêche 98065
Quarrier	129799	noir	1916	Fier-à-Bras 65250	Mouche 108969
Quarrier	130779	noir	1916	Kontemporain 91579	Margot 54113
Quarrier	131601	gris-t. f.	1916	Ivan 84244	Klasse 94961
Quarrosse	129800	gris	1916	Fier-à Bras 65250	Mouvette 50107
Quarrossier	129803	gris	1916	Languaier 100640	Lignite 99812
Quarrousel	129802	noir	1916	Larpent 99117	Hortense 73478
Quarrousel	130782	noir	1916	Iowa 80989	Juridique 86216
Quarrousel	131595	noir	1916	Lupin 104482	Lanterne 104611
Quart	128935	noir	1916	Lanier 101743	Jeannette 61263
Quart	129085	gris	1916	Loiret 99645	Fanchette 43708
Quart	131700	noir	1916	Ichneumon 80679	Mignonne 57253
Quart	132489	alezan	1916	Lippu 103846	Mortaille 110750
Quart	132627	gris-foncé	1916	Kolomb 96547	Janire 88834
Quartanier	128937	gris bleu	1916	Lanier 101743	Inique 80509
Quartaut	128939	noir	1916	Lichas 98731	Kandie 90922
Quartaut	131701	gris-foncé	1916	Maudit 106271	Monarchie 110020
Quartaut	132497	noir-zain	1916	Loto 104424	Charlotte 55745
Quartaut	132629	noir-m.-t.	1916	Lapsus 104417	Kapuche 97483
Quartaut	132704	noir	1916	Médavy 111225	Rainette 67120
Quartayar	131602	noir	1916	Lupin 104482	Heurette 98389
Quarte	132697	noir	1916	Lapsus 104417	Ganache 72871
Quarteaux	130783	noir	1916	Iowa 80989	Lili 61788
Quartel	129804	gris	1916	Larpent 99117	Malacca 105917
Quartel	131598	gris-foncé	1916	Lupin 104482	Genny 57021
Quartenier	128940	gris foncé	1916	Lichas 98731	Mauviette 107708
Quartenier	131697	gris-noir	1916	Ichneumon 80679	Lemmacée 104098
Quartenier.	132501	gris	1916	Menteur 111395	Ingénue 82805
Quarteret	130784	noir	1916	Iowa 80989	Incomprise 81535
Quarteron	128953	noir	1916	Limon 99810	Vigilence 63890
Quarteron	129084	gris-foncé	1916	Larpent 99117	Milly 105641
Quarteron	129662	gris-foncé	1916	Indécis 83374	Lande 99608
Quarteron	131268	noir	1916	Kivac 94730	Nida 115394
Quarteron	131643	noir	1916	Léandre 99625	Galerne 93519
Quarteron	132235	bai-chât.	1916	Maquis 110284	Ergoline 81745
Quarteron	132504	gris	1916	Limaçon 103785	Guerite 72755
Quarteron	132682	gris-foncé	1916	Jan 84219	Mouvette 55084
Quartésion	129806	gris-rouan	1916	Fleurin 103348	Jacinthe 83676
Quartetto	128955	gris-foncé	1916	Logis 99269	Hirondelle 76460
Quartetto	132505	noir	1916	Logicien 103918	Muabilité 110832
Quarthage	129241	gris	1916	Jobié 88841	Mousse 52431

NOM	N°	ROBE	Naissance	PÈRE	MÈRE
Quarthaginois	129810	bai-brun	1916	Morlaix 103769	Galerie 69286
Quarthaginois	130789	noir	1916	Kontemporain 91579	Immergée 81396
Quartidi	128956	noir	1916	Limon 99810	Noceuse 113203
Quartidi	131659	gris	1916	Klocher 95657	Margelle 111055
Quartidi	132506	gris	1916	Limaçon 103785	Istile 82674
Quartier	128914	gris	1916	Indécis 83374	Noceuse 116184
Quartier	128962	gris-foncé	1916	Loyal 99953	Ivrée 81393
Quartier	129076	gris	1916	Fier à Bras 65250	Pirouette 61632
Quartier	129268	noir	1916	Kabot 92507	Biche 97079
Quartier	130785	noir	1916	Iowa 80989	Virginie 64443
Quartier	131113	noir-m.-t.	1916	Lagon 101678	Kama 92933
Quartier	131651	gris-noir	1916	Importun 80576	Myrrha 50392
Quartier	131652	gris	1916	Importun 80576	Calcédoine 67729
Quartier	131955	noir-zain	1916	Mimosa 109651	Adruise 64670
Quartier	132236	gris	1916	Maquis 110284	Kabolette 96719
Quartier	132508	gris	1916	Limaçon 103785	Hollande 98537
Quartier	132606	noir-m.-t.	1916	Lédon 101823	Brillante 50643
Quartier-Maître	130440	gris-foncé	1916	Fier à Bras 65250	Krunne 92795
Quartier-Maître	132643	noir-zain	1916	Lapsus 104417	Kamomille 97425
Quarta	128961	noir	1916	Laboureur 104443	Sans-Tache 66740
Quarto	128860	gris-foncé	1916	Mirabeau 109361	Plaisante 63208
Quarto	129306	noir	1916	Fier-à-Bras 65250	Insoluble 79225
Quarto	131680	noir	1916	Importun 80576	Marmousette 104901
Quarto	132511	gris	1916	Limeur 103795	Lippée 103843
Quarto	132660	gris-foncé	1916	Mimosa 109651	Solide 84474
Quarton	129816	gris	1916	Marinier 107253	Mandoline 68538
Quarton	130787	noir	1916	Iowa 80989	Kachexie 92958
Quarton	131605	bai-foncé	1916	Kaget 92240	La Fleur 67752
Quartonnier	129814	noir	1916	Mameluck 105511	Maeta 107065
Quartrain	132563	gris-foncé	1916	Kaduc 95523	Halte 78232
Quartz	128861	gris	1916	Mirabeau 109361	Egyptienne 55260
Quartz	129949	gris-foncé	1916	Laboureur 104443	Fiche 75063
Quartz	131682	noir	1916	Mahonnais 107558	Riposte 50667
Quartz	132512	noir	1916	Machiavel 104897	Ursule 54203
Quartz	132596	gris-r.	1916	Isaac 78892	Julia 88800
Quartz	132638	gris-t.-f.	1916	Myrmydon 109533	Ivorine 83184
Quartzeux	129559	gris-vin.	1916	Laboureur 104443	Magic 105948
Quartzeux	132513	gris	1916	Limaçon 103785	Kapitale 97464
Quarus	130792	gris	1916	Kontemporain 91579	Brillante 57941
Quarvajal	130793	noir	1916	Kontemporain 91579	Rustique 54283
Quarvi	129817	noir	1916	Mameluck 105511	Guiza 69797
Quarvi	131607	gris-foncé	1916	Misanthrope 106210	Flûte 56289
Quarvin	130794	noir	1916	Kontemporain 91579	Maldonne 105473
Quas	129818	gris-foncé	1916	Mameluck 105511	Houssaie 74227
Quasanier	129813	noir	1916	Gazier 69350	Jorgette 84969

NOM	N°	ROBE	NAISSANCE	PÈRE	MÈRE
Quasanova	130798	noir	1916	Lods 100259	Konstance 93596
Quasaquin	129819	gris	1916	Mameluck 105511	Intensive 78672
Quasaquin	131609	noir zain	1916	Quinquina 68945	Happe 76008
Quasaubon	130799	noir	1916	Kontemporain 91579	Jubine 50594
Quasbath	129051	gris	1916	Japon 84819	Montanère 105634
Quascadet	129823	noir	1916	Mameluk 105511	Mascarille 107301
Quascadeur	129820	gris	1916	Koucou 91328	Misse 105603
Quascadeur	131610	gris-clair	1916	Huitain 73993	Guillemette 71781
Quaséeux	129821	noir	1916	Lucumon 100857	Lausanne 100936
Quaséeux	131615	gris-foncé	1916	Larix 97978	Larme 103706
Quaselli	128785	noir	1916	Iowa 80989	Joute 85157
Quasernier	129824	noir	1916	Gazier 69350	Frivole 61512
Quasi	128865	gris	1916	Kalot 92507	Jativa 84807
Quasi	129412	noir	1916	Jallieu 86306	Locomotive 99235
Quasi	131305	noir	1916	Kabestan 94208	Nibelle 117411
Quasi	132515	gris	1916	Lippu 103846	Livraison 103889
Quasi	132688	noir-m.-t.	1916	Lazarre 104493	Houppe 77358
Quasier	129836	noir	1916	Lapsus 99303	Fabia 62725
Quasilleux	129842	gris	1916	Lapsus 99303	Maronite 108063
Quasilleux	131621	noir-zain	1916	Incident 80133	Trahie 60155
Quasiment	132546	noir	1916	Limeur 103795	Radieuse 64816
Quasimir	130801	noir	1916	Iowa 80989	Komique 93577
Quasimir	131625	gris-fer	1916	Misanthrope 106210	Jacée 98421
Quasimodo	128922	noir	1916	Huron 77627	Houppette 77580
Quasimodo	128943	gris	1916	Ivan 81244	Mijaurée 105267
Quasimodo	129189	gris-foncé	1916	Jallieu 86306	Héloïse 81773
Quasimodo	129308	gris	1916	Fier-à-Bras 65250	Pavane 62772
Quasimodo	131118	noir	1916	Lagan 101678	Houri 78507
Quasimodo	131634	noir-m.-t.	1916	Maudit 106271	Laponie 104314
Quasimodo	132576	gris	1916	Barnac 51462	Kowa 96679
Quasimodo	132691	gris	1916	Lazarre 104493	Mendoza 104914
Quasimon	131622	noir	1916	Juste 85878	Konscience 94093
Quasino	129839	gris	1916	Lapsus 99303	Komtesse 91108
Quasino	132745	gris-foncé	1916	Lagor 100512	Laponne 100278
Quasiri	130806	noir	1916	Iowa 80989	Konfiance 93562
Quasoar	129841	gris	1916	Lapsus 99303	Malice 67401
Quasoar	131628	gris-foncé	1916	Lot 103380	Canadienne 69138
Quasque	129037	gris	1916	Larpent 99117	Favorie 57452
Quasquet	131624	noir	1916	Incident 80133	Illusion 79312
Quassagnac	130807	noir	1916	Iowa 80989	Irlande 81141
Quassandre	130802	noir	1916	Iowa 80989	Zinia 67883
Quassano	130808	noir	1916	Iowa 80989	Sidonie 58558
Quassant	129843	gris	1916	Lapsus 99303	Konvulsion 93632
Quasseau	129845	noir	1916	Lumineux 100865	Jaffa 85462
Quasseau	131629	gris-foncé	1916	Importun 80576	Margot 68065

NOM	N°	ROBE	Naissance	PÈRE	MÈRE
Quassecou	129847	gris-foncé	1916	Lapsus 99303	Anisette 66332
Quasseriaut	130224	noir	1916	Josué 88841	Mouette 105344
Quassetin	129848	gris	1916	Lapsus 99303	Kolivine 90350
Quassetin	131722	gris	1916	Douvreur ex Couvreur 58335	Imitation 83059
Quasseur	129850	gris	1916	Limon 99810	Hachette 78413
Quasseur	131725	noir	1916	Loris 100377	Lez 101880
Quassia	129403	gris	1916	Limon 99810	Muse 106702
Quassia	129778	gris	1916	Lougre 100470	Jauer 84967
Quassia	130093	gris-f.-v.	1916	Lot 100380	Jarnage 86425
Quassia	130865	noir	1916	Laceron 98868	Gabès 72775
Quassia	131635	gris-foncé	1916	Maudit 106271	Gauloise 96846
Quassier	128864	gris	1916	Kontemporain 91579	Herbette 77170
Quassier	129854	gris	1916	Mameluck 105511	Iconostase 79698
Quassier	131673	noir	1916	Ichneumon 80679	Latomie 104299
Quassier	131727	gris-clair	1916	Loris 100377	Maiolique 110180
Quassier	132518	gris	1916	Lippu 103846	Kanicule 97443
Quassis	129856	gris-foncé	1916	Mameluck 105511	Nonciature 112053
Quassis	131728	gris-clair	1916	Instar 78857	Klovisse 95660
Quasson	129857	noir	1916	Mameluck 105511	Karusette 90465
Quasson	131729	gris-foncé	1916	Instar 78857	Pastourelle 49853
Quassot	129055	noir	1916	Menu 105555	Caravane 47145
Quassoulet	129858	gris-foncé	1916	Mameluck 105511	Coquette 47975
Quassoulet	131730	gris	1916	Douvreur-ex-Couvreur 58355	Mallette 110184
Guastel	129867	noir	1916	Lougre 100470	Kabaretière 90435
Quastel	131733	bai b.-z.	1916	Instar 78857	Jérès 87431
Quasti	130813	gris-foncé	1916	Iowa 80989	Langue 97757
Quastillan	129868	noir	1916	Mameluck 105511	Cabale 68671
Quastillan	131736	noir	1916	Instar 78857	Sentinelle 62750
Quastillon	130814	noir	1916	Iowa 80989	Hochette 74747
Quastor	129871	gris	1916	Mameluck 105511	Lemna 99393
Quastor	130815	noir	1916	Lesta 101962	Isle 81453
Quastor	131737	gris	1916	Instar 78857	Pelote 48040
Quastout	129370	gris	1916	Japon 84819	Muflée 105745
Quastrat	131738	noir	1916	Loris 100377	Kochenille 95680
Quastro	130819	noir	1916	Louvre 101220	Martine 64888
Quatalan	129872	noir	1916	Mameluck 105511	Mabuse 107062
Quatalan	131739	gris-clair	1916	Douvreur-ex-Couvreur 58335	Marchandise 110306
Quatalpa	129873	gris-foncé	1916	Mameluck 105511	Yvonne 65286
Quatalpa	131744	n.-m.-t.-z.	1916	Instar 78857	Mireille 108535
Quatanier	132496	noir	1916	Logicien 103918	Khavi 97199
Quatel	130822	noir	1916	Kalot 92507	Chanteuse 67386
Quater	129011	gris-foncé	1916	Loiret 99645	Metidja 105214
Quaternaire	131336	gris-fer	1916	Irradié 83254	Henriette 78310
Quaterne	131657	gris-t.-f.	1916	Importun 80576	Marinette 52704
Quaterne	132575	noir	1916	Barnac 51462	Bagatelle 51160

NOM	N°	ROBE	NAISSANCE	PÈRE	MÈRE
Quaterne	132692	gris-r.	1916	Mimosa 109651	Mélamose 104913
Quaternion	129012	gris	1916	Loiret 99645	Joule 84654
Quaternion	132822	noir	1916	Imperator 83451	Joyeuse 86620
Quatgut	129875	gris-foncé	1916	Lumineux 100865	Dégourdie 62102
Quatgut	130240	gris	1916	Lasso 103951	Laqueuse 100657
Quatgut	131743	noir-zain	1916	Loris 100377	Koléreuse 95698
Quati	131746	noir	1916	Mercy 105783	Rosette 50034
Quatillac	131749	noir	1916	Lascif 103725	Gracieuse 81588
Quatillard	132743	gris	1916	Lucullus 100857	Kleptomane 89681
Quatimini	129881	gris	1916	Larpent 99117	Hugény 74416
Quatimini	131750	gris	1916	Jauvet-ex-Centre 58335	Hôtelle 76109
Quatinat	128827	noir	1916	Japon 84819	Mallette 105292
Quatinat	130823	noir	1916	Kontemporain 91579	Idole 89066
Quatisseur	129882	noir zain	1916	Larpent 99117	Lanterne 100888
Quatogan	129883	gris	1916	Larpent 99117	Kayserline 92917
Quatogan	131753	gris	1916	Mercy 105783	Lannie 87640
Quaton	130824	gris	1916	Kontemporain 91579	Lignerole 100065
Quator	129026	gris-bleu	1916	Lanier 101743	Jachée 85269
Quator	132552	gris	1916	Marbœuf 104739	Carmen 66486
Quatorze	129013	gris-foncé	1916	Loiret 99645	Lavandière 99357
Quatorze	129078	noir	1916	Jallieu 86306	Malaria 106323
Quatorze	131669	gris clair	1916	Importun 80576	Charlotte 53091
Quatrain	129015	gris	1916	Lilas 99350	Conséquence 91564
Quatrain	131671	noir	1916	Importun 80576	Judith 93426
Quatrain	132527	gris	1916	Limaçon 103785	Henriette 42996
Quatrain	132685	gris	1916	Lazarre 104493	Koralie 96780
Quatras	129964	gris-foncé	1916	Mirliton 105710	Anémone 44149
Quatrecantons	130304	noir	1916	Ivan 81244	Irrésolue 79260
Quatrécus	130253	noir	1916	Libouret 99738	Kartouche 92344
Quatrefages	130295	noir zain	1916	Ivan 81244	Muraille 107479
Quatrère	131063	gris-t.-f.	1916	Huitain 73993	Nitouche 115559
Quatreronds	130018	noir	1916	Maistre 109570	Hystérie 64050
Quatresous	128806	gris-foncé	1916	Microbe 105766	Alliance 62225
Quatretant	130045	noir	1916	Labruty 99249	Isquarre 96892
Quatretemps	129319	noir	1916	Lilas 99350	Montretout 105617
Quatretemps	131661	gris-noir	1916	Kabestan 94208	Médéa 107592
Quatre-Temps	132407	noir	1916	Dognet-ex-Sapeur 66641	Gaulette 78153
Quatrevents	130252	gris	1916	Mirliton 105710	Cocarde 47357
Quatriennal	131665	noir-zain	1916	Importun 80576	Campanule 67146
Quatriennal	132533	gris	1916	Loto 104424	Katalpa 96716
Quatrillion	129025	noir	1916	Lods 100359	Maison 105427
Quatrondefrite	129328	noir	1916	Microbe 105766	Lisette 50095
Quattaro	130825	gris	1916	Kroquet 91851	Louisiane 99199
Quattégat	130827	noir	1916	Kroquet 91851	Malharia 105471
Quatuor	128912	gris-foncé	1916	Huron 77627	Hémine 78078

NOM	N°	ROBE	Naissance	PÈRE	MÈRE
Quatuor	131677	gris-noir	1916	Irradié 83254	Jonquille 87271
Quatuor	132589	gris	1916	Lagor 100512	Laloire 104545
Quatuor	132696	noir-m.-t.	1916	Lazarre 104493	Rosalie 61080
Quatus	130828	gris clair	1916	Karolus 93008	Lisette 98773
Quatzarts	130081	gris-r.	1916	Libouret 99738	Invétérée 79160
Quaucasien	129885	noir	1916	Lumineux 100865	Rosalba 57476
Quaucasien	131754	gris-clair	1916	Couvreur-ex-Couvreur 58335	Mignonne 50033
Quauchemar	129888	noir	1916	Lumineux 100865	Amoureuse 65299
Quauchemar	131755	gris	1916	Mercy 105783	Brillante 64556
Quauchois	129890	noir zain	1916	Lucannon 100857	Huisserie 74897
Quauchois	131756	noir	1916	Loris 100377	Lastille 104688
Quauchon	130831	noir	1916	Kroquet 91851	Pimpante 68047
Quauchy	130832	gris clair	1916	Lods 100359	Hautesse 78127
Quaumont	130837	noir	1916	Iowa 80989	Koquille 93650
Quauris	129893	noir zain	1916	Lumineux 100865	Kramérie 89687
Quauris	131761	gris	1916	Marceau 107660	Konakry 96197
Quausal	131764	gris	1916	Mercy 105783	Maudisette 57532
Quauteleux	131765	gris	1916	Mercy 105783	Maraudeuse 110294
Quautère	131768	bai	1916	Monnier 108821	Ilie 83211
Quavaignac	130840	gris	1916	Kontemporain 91579	Méloplaste 107183
Quavalcadour	129897	bai-foncé	1916	Lieuvin 103348	Masseuse 108107
Quavalier	129898	gris	1916	Kontus 93623	Kourroie 91353
Quavalier	131769	noir	1916	Monnier 108821	Idole 82888
Quavatinet	131776	gris	1916	Monnier 108821	Goulette 72974
Quaveau	129903	gris	1916	Lucannon 100857	Junte 83732
Quaveau	131772	gris	1916	Monnier 108821	Kourtaude 93901
Quaveçon	129906	gris-foncé	1916	Languier 100640	Matoise 109300
Quaveçon	131773	bai	1916	Monnier 108821	Lisette 54515
Quavel	129912	gris-foncé	1916	Lucannon 100857	Félicité 98126
Quaviar	129910	gris-fer	1916	Lucannon 100857	Nicole 114221
Quaviar	131779	gris	1916	Muet 109445	Kommune 95736
Quavour	130843	noir	1916	Kalot 92507	Mireille 59981
Quayac	129554	noir	1916	Lods 100359	Margot 78423
Quayac	132444	gris	1916	Loto 104424	Karrosse 90986
Quayage	131332	gris-clair	1916	Moy 105798	Mainmorte 111102
Quayor	130845	gris	1916	Iowa 80989	Coquette 78556
Quazin	130846	gris	1916	Guignolet 70023	Mailloche 105419
Québec	128887	noir	1916	Loyal 99953	Kontractile 91808
Québec	129305	gris-foncé	1916	Japon 84819	Loquacité 99068
Québec	131267	gris-foncé	1916	Marcuil 53313	Mignonne 64651
Québec	132584	noir	1916	Loto 104424	Girouette 73268
Québec	132753	gris	1916	Menteur 111395	Hydra 87636
Québek	129288	noir	1916	Fier-à-Bras 65250	Non 113345
Québir	129541	gris	1916	Limon 99810	Castille 54393
Québlanc	128783	noir	1916	Libouret 99738	Jeannette 98095

NOM	N°	ROBE	Naissance	PÈRE	MÈRE
Quéchuas	129130	noir	1916	Kontus 93623	Pâquerette 66303
Quedelinbourg	129576	noir	1916	Ivan 81244	Laine 100172
Quédillac	128958	gris r.	1916	Jean-qui-rit 88772	Milliasse 106781
Queensland	129191	noir	1916	Lilas 99350	Jubilé 83585
Queensland	131119	noir	1916	Lagan 101678	Haine 76093
Quéfir	129555	noir-zain	1916	Iowa 80989	Jacinthe 96897
Queiros	128905	noir	1916	Fier à Bras 65250	Gauloise 69776
Queiros	131122	noir	1916	Jouillat 88642	Lisette 78550
Quelconque	130048	gris foncé	1916	Labruty 99249	Décrochée 75050
Quélek	129552	noir	1916	Huitain 73093	Eudoxie 64424
Quelgrospoulo	130117	gris-foncé	1916	Lescapé 99345	Irradiation 78845
Quelneuc	128975	noir	1916	Kontemporain 91579	Gisette 97057
Quelpaert	131131	noir	1916	Célibat 64968	Javanne 88105
Queltype	130034	noir	1916	Lustre 99965	Kassoulette 92102
Quélus	128881	noir	1916	Lods 100359	Minute 107864
Quélus	128904	noir	1916	Fier à-Bras 65250	Gazelle 69775
Quélus	131949	gris-fer-f.	1916	Limonadier 100093	Heureuse 98489
Quémadura	129951	gris-foncé	1916	Japon 84819	Kass 92715
Quémandeur	129028	gris-foncé	1916	Misanthrope 106240	Lisa 75006
Quémandeur	130026	gris	1916	Japon 84819	Muse 105620
Quémandeur	131676	noir	1916	Léandre 99625	Menthe 108241
Quémandeur	132450	noir	1916	Loto 104424	Mye 110914
Quémandeur	132659	noir-m.-t.	1916	Mimosa 109651	Bénédictine 68219
Quémandeur	132680	noir-zain	1916	Lager 100512	Gossette 93318
Quémosis	129312	noir	1916	Limon 99810	Neuville 113362
Quemper	128960	gris t.-f.	1916	Jalisco 86306	Languette 99271
Quenaud	132577	gris	1916	Malax 105252	Immanente 82532
Qu'en-dira-t-on	130448	noir	1916	Fier-à-Bras 65250	Halette 77121
Quenouth	129340	gris	1916	Microbe 105766	Résida 49456
Quentin	128888	noir	1916	Guignolet 70023	Poule 54274
Quentin	129571	noir	1916	Lalo 100197	Gazon 50616
Quentin	129587	gris-foncé	1916	Laceron 98868	Icarie 78467
Quentin	131034	noir	1916	Marceau 104772	Kassaba 95398
Quépi	129550	noir	1916	Lapereau 100259	Griffarde 98473
Quépi	132445	gris	1916	Municipal 110863	Isabelle 82622
Quépy	130074	gris	1916	Ivan 81244	Kutira 92228
Quèque	128952	gris-foncé	1916	Lagor 100512	Glorieuse 70243
Quérard	130239	gris-foncé	1916	Lasso 103951	Kiostnère 92794
Quérard	131956	noir-zain	1916	Limonadier 100093	Leucade 103105
Quératocèle	130123	gris-foncé	1916	Lescapé 99345	Myrah 105362
Quératoglosse	130238	gris	1916	Lasso 103951	Arménie 68377
Quératos	130113	gris-f.-v.	1916	Ivan 81244	Mizère 106069
Quercitron	129126	gris	1916	Languier 100640	Matérielle 106242
Quercitron	129979	noir	1916	Mirliton 105710	Kadhérye 92319
Quercitron	131650	noir	1916	Benjoin 62927	Jacquerie 88944

NOM	N°	ROBE	Naissance	PÈRE	MÈRE
Quercitron	132534	noir	1916	Loto 104424	Muraie 110864
Quercy	131273	noir	1916	Kivac 94730	Japonaise 59259
Querelleur	129129	noir	1916	Matériel 106248	Lorette 101238
Querelleur	129363	gris	1916	Japon 84819	Lucarne 100855
Querelleur	131704	gris-foncé	1916	May 105798	Massette 111117
Querelleur	132538	noir	1916	Loto 104424	Héloïse 104762
Quaresson	128947	noir	1916	Josné 88841	Minerve 105308
Quéretard	129354	alezan-b.	1916	Japon 84819	Nina 53125
Quérétaro	129353	noir	1916	Képi 91690	Istoire 98084
Queretaro	131152	noir	1916	Laceron 98868	Mandane 107159
Quérigut	128971	gris-foncé	1916	Monitor 110654	Lavove 97780
Quérigut	131957	noir	1916	Limonadier 100093	Harpiste 75482
Queriquet	129124	gris	1916	Japon 84819	Rustique 61273
Quermetz	130077	gris	1916	Lescapé 99345	Serpette 47139
Queronprinz	130301	noir	1916	Mordicant 110698	Ibéa 79296
Quéroy	128972	noir	1916	Monitor 110654	Nonnotte 113272
Querré	128976	gris	1916	Kontemporain 91579	Bécasse 52868
Querrien	128977	gris	1916	Mylord 107421	Rigolette 73428
Querrieu	128978	noir	1916	Matériel 106248	Irma 98073
Querticello	128981	noir	1916	Mylord 107421	Lancéole 101726
Quéru	128990	noir	1916	Lorientais 103276	Entérite 98600
Quéru	132582	gris	1916	Loto 104424	Courtisanne 48184
Quésada	129204	gris	1916	Kontus 93623	Laitue 100597
Quesnay	128866	noir	1916	Juvénal 83553	Kouzine 92806
Quesnay	129198	gris	1916	Languier 100640	Joliveté 84661
Quesnay	129359	noir	1916	Lanturlu 98687	Guitare 70898
Quesnel	128988	noir	1916	Lorientais 103276	Kélary 92157
Quesnel	129199	gris	1916	Languier 100640	Jaleuse 84974
Quesnel	129358	noir	1916	Képi 91690	Invitée 79224
Quesnel	129960	noir	1916	Lanturlu 98687	Jucidence 78707
Quesnoy	128989	noir-zain	1916	Lorientais 103276	Livie 103294
Quesnoy	129229	noir-m.-t.	1916	Lalo 100197	Rosa 67872
Quasnoy	131153	gris bleu	1916	Célibat 64968	Castille 49683
Quessy	128999	gris-foncé	1916	Komitat 91759	Kalmante 90371
Questembert	129206	gris	1916	Lafayette 100646	Acqueville 68797
Questeur	129064	gris-foncé	1916	Larpent 99117	Juvue 85071
Questeur	129134	gris	1916	Kroquet 91851	Gamine 71265
Questeur	129230	noir	1916	Mordicant 110698	Moinerie 109386
Questeur	131073	noir	1916	Huitain 73993	Kasuta 95304
Questeur	131121	gris-foncé	1916	Keramin 95167	Kronstadt 95225
Questeur	131350	gris-foncé	1916	Kagot 92240	Ithaque 79103
Questeur	131686	gris-foncé	1916	Maudit 106271	Illusion 83215
Questeur	132564	noir	1916	Barnac 51162	Fleurie 68336
Questeur	132683	noir-m.-t.	1916	Jan 84219	Kilina 96769
Questionnaire	129139	gris-clair	1916	Lucumon 100857	Lydie 99865

NOM	N°	ROBE	NAISSANCE	PÈRE	MÈRE
Questionneur	129135	gris	1916	Leds 100359	Jonchée 86276
Questionneur	130742	bai	1916	Mahonnais 107558	Julie 88664
Questorien	128816	noir	1916	Mirliton 105710	Jasense 86016
Questorien	129136	noir	1916	Jouillat 88642	Ilia 98491
Questorien	130746	gris	1916	Lédon 101823	Colette 65472
Quetch	129568	gris	1916	Limon 99810	Inspirée 78725
Quételet	129207	noir	1916	Lafayette 100646	Junon 90092
Quételet	131123	noir	1916	Lichas 98731	Hirondelle 98486
Quêteur	129137	noir	1916	Monizor 110654	Noologie 114819
Quêteur	129815	noir	1916	Gazier 69350	Nade 114101
Quêteur	130144	gris	1916	Fier à Bras 65250	Léa 98895
Quêteur	130747	noir	1916	Mahonnais 107558	Jeannette 88667
Quêteur	132510	gris	1916	Linear 103795	Etoile 43857
Quêteur	132543	noir	1916	Lapsus 104417	Kamérière 97421
Quêteur	132634	gris-foncé	1916	Myrmidon 109633	Mignonnette 104818
Quétigny	129000	noir	1916	Lanier 101743	Mœtodite 109313
Quétupa	129570	gris	1916	Kontemporain 91579	Menuise 107750
Quétupa	132459	gris	1916	Mahomet 111329	Joconde 98554
Queuderat	129072	noir	1916	Larpent 99117	Merveille 105830
Queuderat	129362	noir	1916	Japon 84819	Intrépide 78786
Queuper	129573	noir zain	1916	Lauspenel 99293	Minerve 67628
Queuper	132460	gris	1916	Loiret 103444	Irune 87630
Queurouge	129347	alezan	1916	Japon 86306	Mausade 105703
Queux	129144	gris-foncé	1916	Kalot 92507	Eloge 67057
Queux	132544	bai	1916	Iman 83062	Grisonnière 73026
Quévert	129002	noir	1916	Lapereau 100259	Mercière 107434
Quevetu	129275	noir	1916	Japon 84819	Allumette 53476
Quévrian	132661	gris	1916	Loto 104424	Juliange 87910
Queyrac	128879	gris-foncé	1916	Lichas 98731	Idotée 82194
Quézacot	128818	gris	1916	Microbe 105766	Garcette 75043
Qui	129410	gris	1916	Jallieu 86306	Poule 49720
Quiat	129971	noir	1916	Mirliton 105710	Nuit 144919
Quiberon	130875	gris-noir	1916	Laceron 98868	Jannette 87990
Quiberon	131143	gris-fer	1916	Célibat 64968	Gazelle 98468
Quibergn	131631	noir	1916	Mareuil 53313	Gisèle 42804
Quibron	131280	noir	1916	Luron 101968	Henriade 76930
Quibus	128973	noir	1916	Jaseur 89506	Holga 76923
Quibus	129145	noir	1916	Lorientais 103276	Huguenotte 77272
Quibus	131641	gris-vin.	1916	Lysias 103555	Némorale 115889
Quibus	132393	noir	1916	Kibus 96690	Krichna 97145
Quibus	132541	noir	1916	Mahomet 111329	Kalomnie 92752
Quibus	132649	gris	1916	Kapon 97485	Kana 96747
Quibus	132706	noir	1916	Mortrée 111200	Etoile 50134
Quichera	130303	gris	1916	Ivan 81244	Jambe 84211
Quicherat	129228	noir	1916	Mareuil 53313	Biche II 78435

NOM	N°	ROBE	Naissance	PÈRE	MÈRE
Quicherat	131144	noir	1916	Mylord 107421	Lia 103337
Quicherche	130290	noir	1916	Ivan 81244	Gargotte 97071
Quichuas	131148	noir	1916	Keramin 95167	Coquette 51692
Quiclet	129995	gris-foncé	1916	Mirliton 105710	Koriquette 95078
Quiconque	130101	gris	1916	Lagor 100512	Mare 105679
Quiconque	131694	gris	1916	Maudit 106271	Jaspure 88929
Quicui	129289	noir-zain	1916	Fier à Bras 65250	Margot 49203
Quidam	128897	noir-zain	1916	Karolus 93008	Konduite 93555
Quidam	132542	noir	1916	Mahomet 111329	Reine 41490
Quidam	132647	gris	1916	Loto 104424	Maquette 111118
Quidam	132710	noir	1916	Médavy 114225	Lisette 58323
Quierzy	129003	noir	1916	Loyal 99953	Kerim 95128
Quierzy	130298	gris	1916	Mordicant 110698	Justine 85273
Quiet	128899	rouan-cl.	1916	Lalo 100197	Lisa 61433
Quiétus	129211	gris	1916	Lilas 99350	Adige 66189
Quietus	131959	gris-fer	1916	Limonadier 100093	Jacynthe 98273
Quiévrain	129216	noir	1916	Laceron 98868	Galantine 98465
Quiévrain	129602	noir	1916	Kivac 94730	Ibérie 80335
Quiévrain	131124	noir zain	1916	Marceau 104772	Cezarine 51356
Quiévrin	129948	noir	1916	Lorientais 103276	Labrosse 103351
Quifkif	128966	gris-foncé	1916	Laboureur 104443	Mélibée 105794
Quigit	129324	gris	1916	Menu 105555	Conquête 56221
Quignon	128900	gris	1916	Minuit 107582	Anodine 60360
Quignon	131039	noir	1916	Lyonnais 102760	Hébé 96903
Quignon	132740	noir	1916	Iowa 80989	Manola 107973
Quikry	129081	noir-m.-t.	1916	Jallieu 86306	Héraclée 98050
Quilbœuf	129575	gris	1916	Ivan 81244	Diane 61400
Quiliféro	129242	noir	1916	Josué 88841	Midinette 105288
Quillan	130305	gris	1916	Ivan 81244	Garonne 71274
Quillebœuf	130079	gris	1916	Mirliton 105710	Lèvre 98013
Quillet	129217	gris-fer	1916	Lanier 101743	Koulfa 95170
Quillet	130292	gris-foncé	1916	Liguori 103360	Laforge 100874
Quillier	128901	gris-bleu	1916	Minuit 107582	Kontrebande 91242
Quilloir	128902	gris clair	1916	Kroquet 91851	Targette 64824
Quilloir	132741	noir	1916	Iowa 80989	Maillée 105452
Quillon	129147	gris	1916	Kontus 93623	Lécluse 100438
Quillon	131038	gris-vin.	1916	Maquignon 106317	Gavotte 54517
Quilo	130221	noir-zain	1916	Japon 84819	Labiée 97891
Quilo	132446	gris	1916	Mûrier 110866	Mouchette II 43389
Quiloro	129402	gris	1916	Larpent 99147	Floréal 46395
Quilosis	129398	bai	1916	Larpent 99117	Jérygne 85817
Quilot	130102	noir	1916	Ivan 81244	Kriquette 89867
Quiloury	129033	gris	1916	Jallieu 86306	Horde 76713
Quimato	128830	noir	1916	Japon 84819	Hictoria 76545
Quimico	129610	noir	1916	Libouret 99738	Magdala 106094

NOM	N°	ROBE	NAISSANCE	PÈRE	MÈRE
Quimo	129360	gris-foncé	1916	Japon 84819	Géréniade 69914
Quimoch	130046	gris-foncé	1916	Lasso 103951	Billiade 76782
Quimodico	130090	gris	1916	Libouret 99738	Kamite 93730
Quimono	128815	noir	1916	Mirliton 105710	Jonquille 85974
Quimono	132463	bai brun	1916	Municipal 110863	Lathiase 103875
Quimper	128984	noir	1916	Larpent 99117	Laguénière 99083
Quimper	131127	noir	1916	Marceau 104772	Limanne 100317
Quimper	131276	gris-foncé	1916	Mareuil 53313	Carie 80343
Quimper	132607	gris	1916	Lédon 101823	Martha 111194
Quimperlé	128985	gris-foncé	1916	Lacmeux 100158	Monture 106610
Quimperlé	129067	gris	1916	Képi 91690	Gagiste 69586
Quimperlé	129222	noir	1916	Huitain 73993	Gironde 98388
Qnimperlé	130291	noir-zain	1916	Liguori 103360	Lavandière 67946
Quimperlé	131128	gris-foncé	1916	Keramin 95167	Frosine 54356
Quimperlé	132737	noir	1916	Kalestan 94208	Karamanie 96183
Quinabo	128993	gris-bleu	1916	Quinquina 68945	Jalapa 97065
Quinaud	129151	gris	1916	Monitor 110654	Polka 52893
Quinaud	130441	noir	1916	Fier-à-Bras 65250	Kamée 92494
Qninaud	131300	gris-fer	1916	Korallien 91611	Victorieuse 57011
Quinaud	132703	noir-zain	1916	Lapsus 104417	Liseronne 103986
Quinaud	132720	noir	1916	Maquis 110284	Kyrielle 96636
Quinault	129219	gris-bleu	1916	Juvénal 83553	Historique 77249
Quinault	129961	gris	1916	Lanturlu 98687	Mouvette 49948
Quinault	131129	noir	1916	Keramin 95167	Kolobopous 95265
Quinbon	130012	noir	1916	Libouret 99738	Marsala 105963
Quincaillier	129152	gris	1916	Languier 100640	Jale 85088
Quincampoix	129224	alezan-f.	1916	Quinquina 68945	Lactose 103578
Quincampoix	129544	noir	1916	Lustre 99965	Macédoine 106110
Quincampoix	132167	gris-foncé	1916	Kolomb 96547	Impasse 82843
Quinconce	128991	noir	1916	Quinquina 68945	Lamarche 100518
Quinconce	129153	gris	1916	Languier 100640	Kontorniate 91807
Quinconce	130108	gris-foncé	1916	Labruty 99249	Lobuleuse 104654
Quinconce	130748	noir	1916	Luron 97902	Lardoire 103686
Quinconce	132591	noir	1916	Kaduc 95523	Lirette 104551
Quinconce	132662	gris	1916	Maquis 110284	Koclette 96712
Quincy	128826	noir	1916	Josué 88841	Navigue 111587
Quincy	128986	gris-clair	1916	Lambeau 101706	Maltose 107641
Quindeça	129526	noir	1916	Mirliton 105710	Kapillaire 90755
Quiné	129154	gris-clair	1916	Képi 91690	Karcasse 90809
Quineaud	132413	bai	1916	Dogat-ex-Sapeur C0641	Loyotte 65030
Quinepeupas	128805	gris	1916	Japon 84819	Marmelade 104952
Quinet	128880	gris	1916	Mareuil 53313	Hyacinthe 77552
Quinet	131132	gris-fer-f.	1916	Célibat 64968	Mamie 108340
Quinium	131000	gris-fer-f.	1916	Lichas 98731	Goulée 72991
Quinium	131067	gris-foncé	1916	Minuit 107582	Klaire 94951

NOM	N°	ROBE	Naissance	PÈRE	MÈRE
Quino	132464	gris	1916	Mahomet 114329	Kalmie 97873
Quinol	128799	noir-zain	1916	Jallieu 86306	Kreye 91666
Quinol	129293	noir-zain	1916	Fier-à-Bras 65250	Igue 90172
Quinol	129771	noir	1916	Marinier 107253	Kocotte 93175
Quinola	128910	noir-zain	1916	Huron 77627	Hécate 77614
Quinola	129155	noir	1916	Képi 91690	Licheuse 99744
Quinola	130134	gris	1916	Ligament 99342	Kouveuse 93220
Quinola	130446	gris	1916	Fier-à-Bras 65250	Lunule 100339
Quinot	128819	bai	1916	Ivan 81244	Abeille 46383
Quinot	129169	gris	1916	Kalot 92507	Jale 84846
Quinovata	129121	gris	1916	Mirliton 105710	Kita 94067
Quinqey	129335	gris	1916	Japon 84819	Fumette 59615
Quinquennal	129156	noir	1916	Lilas 99350	Cocotte 56388
Quinquet	128915	gris	1916	Mareuil 53313	Mariette 107906
Quinquet	129163	gris	1916	Languier 100640	Jambière 84979
Quinquet	132664	gris	1916	Kolomb 96547	Geneviève 93495
Quinquin	128916	gris foncé	1916	Mareuil 53313	Paquerette 59065
Quinquin	128944	noir	1916	Ivan 81244	Gazelle 69475
Quinquina	128913	noir	1916	Mareuil 53313	Larde 99307
Quinquina	128987	noir	1916	Minuit 107582	Kalkas 95306
Quinquina	129165	noir-zain	1916	Loiret 99645	Histoire 74458
Quinquina	131281	noir	1916	Luron 101968	Kira 94534
Quinquina	131370	noir-zain	1916	Jouillat 88642	Julie 88468
Quinquina	132663	gris-foncé	1916	Kolomb 96547	Lagrasse 102784
Quinquina	132739	noir	1916	Joyeux 88776	Négresse 63713
Quinquina	132749	noir	1916	Kilo 94631	Nuance 116272
Quinson	128877	gris-fer-f.	1916	Loyal 99953	Larve 101763
Quint	129167	gris-foncé	1916	Lucumon 100857	Lahoudémerie 100937
Quintal	128798	noir-zain	1916	Jallieu 86306	Suzanne 66534
Quintal	128875	gris	1916	Kroquet 91851	La Fère 63310
Quintal	128921	gris-noir	1916	Huron 77627	Honorée 78404
Quintal	128982	noir-zain	1916	Kanevas 90715	Insuave 81057
Quintal	129075	gris-foncé	1916	Fier-à-Bras 65250	Lalerme 52393
Quintal	129173	gris	1916	Lanier 99292	Isolatrice 79475
Quintal	130443	gris	1916	Fier-à-Bras 65250	Loyale 100848
Quintal	131068	aubère	1916	Minuit 107582	Cascarina 67248
Quintal	131302	noir	1916	Korallien 91611	Mevoilà 109265
Quintal	132556	noir	1916	Loto 104424	Grenadine 69181
Quintal	132665	gris	1916	Kolomb 96547	Devinette 68283
Quintan	129170	gris	1916	Kalot 92507	Nursery 112522
Quintan	130125	noir	1916	Libouret 99738	Mouvette 98178
Quintan	132737	noir	1916	Kontemporain 91579	Clochette 59516
Quintana	129142	noir	1916	Libouret 99738	Fantasia 63538
Quintanar	129225	gris	1916	Lambeau 101706	Inactive 81501
Quinteux	129174	gris	1916	Lanier 99292	Salamandre 46378

NOM	N°	ROBE	Naissance	PÈRE	MÈRE
Quinteux	132666	gris	1916	Kolomb 96547	Kinolette 96753
Quintidi	129175	gris	1916	Janséniste 86818	Lisette 57141
Quintil	129176	gris	1916	Matériel 106248	Harpe 73857
Quintilien	129123	gris-vin.	1916	Japon 84819	Gabégie 71421
Quintilien	130732	noir	1916	Mareuil 53313	Lacee 50265
Quintillan	128871	gris	1916	Kroquet 91851	Jaspure 86192
Quintin	131142	noir	1916	Lanier 101743	Biche 53632
Quinto	128911	noir	1916	Kilo 94631	Marguerite 109191
Quinto	129040	gris foncé	1916	Menu 105555	Mézelle 105625
Quinto	129178	noir	1916	Matériel 106248	Neustrienne 112604
Quinto	129844	noir	1916	Marinier 107253	Joyeuse 84924
Quinto	132667	gris-foncé	1916	Kolomb 96547	Kinolette 96753
Quintuple	132670	gris	1916	Kolomb 96547	Hadam 82003
Quintus	130150	gris	1916	Fier-à-Bras 65250	Koterie 95843
Quintus	131136	gris	1916	Komitat 91759	Locution 103249
Quinze	129179	gris	1916	Karolus 93008	Hélène 81805
Quinze-Vingt	129181	noir	1916	Larpent 99117	Huppée 74568
Quinzy	129122	noir	1916	Mirliton 105710	Henriade 77262
Quiock	129389	gris-foncé	1916	Logis 99269	Géante 70102
Quipeur	129039	gris-foncé	1916	Menu 105555	Nitrite 111651
Quipos	129237	gris	1916	Laugnier 100640	Importée 79586
Quiproco	128795	gris	1916	Ivan 81244	Miction 105271
Quiproquo	129239	noir	1916	Matériel 106248	Giralda 69426
Quiproquo	129399	bai-br. z.	1916	Larpent 99117	Vrille 63060
Quiproquo	131099	noir-m.-t.	1916	Lagan 101678	Incorrecte 82167
Quiproquo	131303	gris	1916	Korallien 91611	Motricine 109271
Quiproquo	132701	gris-foncé	1916	Karapath 97283	Fanny 97714
Quipudubek	129066	noir	1916	Mirliton 105710	Raquette 53339
Quiqui	129737	noir	1916	Képi 91690	Kassine 92191
Quiqui	130104	noir	1916	Ivan 81244	Tempête 50773
Quir	128882	gris l.-f.	1916	Illettré 81310	Hactrice 76557
Quiracier	129251	gris-vin.	1916	Josué 88841	Kamizole 90623
Quiragra	130095	gris	1916	Lagor 100512	Officine 68414
Quirapas	130086	gris	1916	Libouret 99738	Incendie 79024
Quirat	128885	noir	1916	Lacuneux 100158	Batterie 67106
Quirinal	129065	noir	1916	Fier-à-Bras 65250	Lectrice 99086
Quirinal	129215	gris bleu	1916	Célibat 64968	Elise 67891
Quirinal	129738	noir-zain	1916	Fier-à-Bras 65250	Jugeote 85144
Quirinal	130449	noir	1916	Fier-à-Bras 65250	Macrine 107067
Quirinal	130733	noir	1916	Mareuil 53313	Surprise 49678
Quirinal	131137	noir	1916	Komitat 91759	Locomotive 103250
Quirinal	131301	noir	1916	Larmier 99314	Mirette 109268
Quirit	129203	noir	1916	Jallieu 86306	Morniffle 105388
Quirito	130150	gris	1916	Jasmin 83835	Joyeuse 83909
Quiros	131947	noir	1916	Limonadier 100093	Joye 88054

NOM	N°	ROBE	Naissance	PÈRE	MÈRE
Quiroul	130100	noir	1916	Ivan 81244	Coquette 98064
Quiroupill	129061	bai	1916	Menu 105555	Latuine 99192
Quirouspeth	130282	bai-ch.-z.	1916	Liguori 103360	Irruption 79259
Quiryet	130030	gris	1916	Microbe 105766	Lave 98912
Quisecuite	129283	gris-foncé	1916	Lannes 100896	Motte 105587
Quisefoudetou	129072	noir	1916	Mirliton 105710	Muffée 105894
Quisepose	130056	alezan r.	1916	Laboureur 104443	Ivette 78890
Quissac	129969	gris-fer	1916	Laboureur 104443	Gossette II 57322
Quissac	130271	noir	1916	Mordicant 110598	Jalouse 86578
Quissac	131138	noir	1916	Lanier 101743	Herminie 77007
Quiste	130280	gris-foncé	1916	Lignori 103360	Jacasse 88157
Quisteau	128832	alezan-d.	1916	Képi 91690	Manière 105654
Quistot	129161	alezan	1916	Japon 84819	Frisette 63017
Quitard	130288	gris-fer	1916	Ivan 81244	Morée 109737
Quitet	129525	gris-foncé	1916	Lasso 103951	Jacquemine 86562
Quitienbon	130300	noir-zain	1916	Lignori 103360	Ligurienne 103363
Quito	128941	noir	1916	Lasso 103951	Cunégonde 51773
Quito	131140	noir	1916	Lanier 101743	Rossinante 68134
Quitus	129240	noir	1916	Matériel 106248	Mantelure 107084
Quitus	129981	gris	1916	Mirliton 105710	Kérozine 92328
Quitus	130149	gris-foncé	1916	Jasmin 83835	Kabylie 90326
Quitus	132650	gris-foncé	1916	Laurent 104533	Gondole 97718
Quivala	130299	noir	1916	Lager 100512	Motte 109761
Quivalà	132657	noir	1916	Karapath 97283	Kita 96771
Quivalà	132714	noir	1916	Médavy 111225	Durance 96978
Qui-va-là	131120	noir	1916	Komitat 91759	Lisa 103113
Qui-va-là	131285	gris	1916	Larnier 99314	Livadie 102905
Quiviger	130254	gris	1916	Logis 99269	Pompeuse 63144
Quivive	132654	gris c. f.	1916	Karapath 97283	Hirondelle 97727
Qui-Vive	128903	noir	1916	Fier à Bras 65250	Hermine 52329
Qui-Vive	130447	alezan	1916	Fier-à-Bras 65250	Lanice 103667
Qui-Vive	132715	gris	1916	Médavy 111225	Incrédule 82749
Quivoli	129947	gris bleu	1916	Lafayette 100646	Métathèse 105055
Quivre	129010	noir	1916	Maistre 109570	Lamuette 98918
Quivrot	129975	gris	1916	Mirliton 105710	Nourriture 112435
Quklot	130043	gris-foncé	1916	Laboureur 104443	Hamerthume 76283
Qulassot	129212	noir-m.-t.	1916	Japon 84819	Navarette 112946
Quldejatte	130058	gris-foncé	1916	Laboureur 104443	Garenne 71439
Quletivateur	130088	noir	1916	Latécien 102720	Kalize 97630
Qulex	129006	gris-vin.	1916	Limon 99810	Cerf-Volant 63127
Qulot	128802	noir	1916	Japon 84819	Krotone 92098
Quoactif	131849	gris-noir	1916	Instar 78857	Héléna 93500
Quoailler	129244	noir-zain	1916	Kontus 93623	Kanine 90720
Quoala	132447	noir	1916	Languedoc 104423	Kehl 97326
Quoalisé	131852	gris-fer	1916	Muet 109445	Lisette 69202

NOM	N°	ROBE	Naissance	PÈRE	MÈRE
Quoaltar	130155	gris-vin.	1916	Lougre 100470	Mélisse 108217
Quoati	130156	bai	1916	Lougre 100470	Magie 107527
Quoati	131855	gris noir	1916	Muet 109445	Histoire 44005
Quob	128779	gris-foncé	1916	Lougre 100470	Floride 90042
Quobalt	130160	noir	1916	Lougre 100470	Honorine 74330
Quobaye	129159	gris	1916	Mirliton 105710	Kognac 92698
Quobéa	130161	gris	1916	Lougre 100470	Hallucinée 74595
Quobez	132448	gris	1916	Menteur 111395	Kilia 97336
Quobra	129669	gris-foncé	1916	Kalot 92507	Morille 106929
Quobra	130164	bai-brun	1916	Lougre 100470	Gisèle 70117
Quobra	131858	gris	1916	Muet 109445	Navaille 117174
Quocardier	130165	gris	1916	Lougre 100470	Manille 64187
Quocardier	131863	gris	1916	Instar 78857	Jacque 87369
Quochelet	130166	noir-zain	1916	Lougre 100470	Iguane 90170
Quochelet	131860	gris	1916	Monnier 108821	Lasale 102868
Quocher	130169	gris fer	1916	Lougre 100470	Marquise 46390
Quocher	131861	gris noir	1916	Douvreur-ex-Couvreur 58335	Mannelle 110276
Quochet	130171	noir-zain	1916	Lougre 100470	Mélanie 105131
Quochet	131865	gris	1916	Mercy 105783	Gilberte 70886
Quochevis	130172	noir	1916	Lougre 100470	Jaserie 85329
Quochevis	131866	noir	1916	Douvreur-ex-Couvreur 58335	Lagardie 102781
Quochoir	130173	gris-foncé	1916	Jasmin 83835	Kocarina 90331
Queck	131751	gris	1916	Instar 78857	Khadidja 96392
Quoco	130135	gris clair	1916	Kroquet 91851	Cocotte 75046
Quoco	130178	noir	1916	Lougre 100470	Guérite 66327
Quoco	131870	gris-foncé	1916	Mercy 105783	Aklarine 57159
Quocon	131871	noir	1916	Douvreur-ex-Couvreur 58335	Lalande 102802
Quocorico	130177	bai	1916	Lougre 100470	Marguerite 108688
Quod	131024	noir	1916	Lumineux 100865	Immémorée 79782
Quodex	130186	gris	1916	Matériel 106248	Laiterie 100594
Quodex	131873	gris	1916	Douvreur-ex-Couvreur 58335	Hachette 75339
Quoffia	128949	noir	1916	Josué 88841	Koliqueuse 92325
Quoflin	130180	gris	1916	Lougre 100470	Hésitante 73762
Quoffre	130181	noir	1916	Lougre 100470	Lippe 101021
Quoffre	130268	noir	1916	Libouret 99738	Légitime 97958
Quoffre	131876	bai	1916	Mercy 105783	Lisette 75054
Quoffret	130182	gris-r.	1916	Jasmin 83835	Lachaise 101129
Quohérent	130188	gris	1916	Lougre 100470	Tulipe 48190
Quohérent	131880	gris-r.	1916	Douvreur-ex-Couvreur 58335	Marbrure 110299
Quohésif	130189	gris	1916	Lucumon 100857	Jumenterie 85133
Quoi	129245	gris	1916	Lucumon 100857	Journée 85047
Quoi	131882	gris-foncé	1916	Mercy 105783	Konsigne 95792
Quoidonq	129291	gris	1916	Képi 91690	Madeline 105560
Quoiffeur	130263	noir	1916	Japon 84819	Suzanne 47859
Quoiffeur	131885	gris	1916	Mercy 105783	Jezabel 89217

NOM	N°	ROBE	Naissance	PÈRE	MÈRE
Quoin	131888	gris	1916	Muet 109445	Kontorsion 95814
Quointro	132604	gris	1916	Kaduc 95523	Dulcinée 41462
Quokass	130087	gris	1916	Lagor 110512	Moile 109998
Quoke	131890	noir	1916	Muet 109445	Kompétence 95746
Quol	131846	gris-foncé	1916	Monnier 108821	Kourgane 96314
Quol	131892	gris	1916	Muet 109445	Laurée 101790
Quolateur	130193	noir	1916	Koucou 91328	Jeanne 83739
Quolateur	131893	noir	1916	Muet 109445	Minuterie 106804
Quolback	130194	gris-foncé	1916	Lucumon 100857	Mirabelle 45272
Quolback	131894	gris-noir	1916	Luron 97902	Jaquette 90012
Quolbert	130852	noir	1916	Iowa 80989	Grebiche 70337
Quolcotar	130195	gris	1916	Lucumon 100857	Mouvance 107014
Quolcotar	131896	noir	1916	Kongo 91996	Jade 87173
Quolereux	131897	noir	1916	Kongo 91996	Légale 97981
Quolet	130857	noir	1916	Iowa 80989	Kasimodo 92427
Quoléus	130197	alezan	1916	Fier à Bras 65250	Lagune 101680
Quoléus	131898	gris	1916	Libouret 99738	Mascotte 63864
Quolibet	128781	gris-foncé	1916	Lumineux 100865	Larche 100901
Quolibet	128917	noir	1916	Mareuil 53313	Mabelle 107909
Quolibet	129052	gris-foncé	1916	Jallieu 86306	Kigellariée 91664
Quolibet	129252	noir	1916	Lichas 98731	Koussine 93030
Quolibet	132655	gris	1916	Laurent 104533	Jalousie 88901
Quolibri	129405	noir-zain	1916	Jallieu 86306	Brindille 54932
Quolibri	130198	gris	1916	Képi 91690	Louette 99087
Quolibri	131900	noir-zain	1916	Lyonnais 102760	Gérance 73121
Quolibry	129007	gris-t.-f.	1916	Fier-à-Bras 65250	Gravelle 70373
Quolifichet	130257	gris-fer	1916	Logis 99269	Importation 78751
Quoligny	130855	noir	1916	Iowa 80989	Rosine 50750
Quolin	128833	gris-foncé	1916	Képi 91690	Invagination 79187
Quolin	129672	gris	1916	Mirabeau 109361	Kazamance 91960
Quolin	131904	noir	1916	Lot 100380	Vigoureuse 60476
Quolis	130714	noir	1916	Fier-à-Bras 65250	Lapatrie 98907
Quollapsus	130205	noir	1916	Képi 91690	Académie 66422
Quollapsus	131906	gris foncé	1916	Lot 100380	Mouvette 57460
Quollateur	131908	bai	1916	Lockray 103425	Herbette 76494
Quollatin	130859	noir	1916	Kalcul 92482	Incivisme 81529
Quollecteur	129954	gris	1916	Larpent 99117	Carpette 73444
Quollégien	129955	gris	1916	Larpent 99117	Nape 113420
Quollégien	131910	gris	1916	Lyonnais 102760	Labrosse 102766
Quollet	129957	aubère	1916	Célibat 64968	Gibelette 69404
Quollet	131913	gris	1916	Lot 100381	Rose 43320
Quolleteur	131914	noir	1916	Lyonnais 102760	Kravate 95992
Quolleur	129958	alezan	1916	Képi 91690	Historique 98083
Quolleur	131916	noir	1916	Lockray 103425	Huche 76045
Quollier	130306	noir	1916	Loyal 99953	Gouvernante 73083

NOM	N°	ROBE	Naissance	PÈRE	MÈRE
Quollier	130860	gris-clair	1916	Karolis 93008	Kopieuse 91239
Quolomb	130866	gris	1916	Laceron 98868	Marquise 50196
Quolombier	129461	gris	1916	Logis 99269	Kabylie 96254
Quolombier	131920	noir	1916	Denvreui-ex-Couvreur 58335	Iéna 83205
Quolombin	130309	noir-zain	1916	Lapereau 100259	Frisette 63503
Quolombin	131922	gris-clair	1916	Loris 100377	Lavallière 102892
Quolombo	130308	noir	1916	Lapereau 100259	Kyssel 93115
Quolombo	131924	gris	1916	Loris 100377	Gachette 70461
Quolon	131927	noir-m.-t.	1916	Lot 100380	Duchesse 56121
Quolonat	131931	noir-zain	1916	Denvreui ex-Couvreur 58335	Hampe 75827
Quolonel	128809	gris	1916	Lasso 103951	Camisole 61801
Quolonel	130316	gris	1916	Kroquet 91851	Jappante 84570
Quolonel	131929	noir	1916	Lyonnais 102760	Koquette 94996
Quolonial	130317	gris	1916	Libouret 99738	Aspirante 67941
Quolonial	131932	gris	1916	Instar 78857	Jarrie 87407
Quolonna	128784	noir	1916	Mordicant 110608	Névreuse 115418
Quolorado	130883	gris	1916	Laceron 98868	Immigrée 82240
Quoloris	130321	gris-foncé	1916	Logis 99269	Métropole 107797
Quoloris	131952	gris	1916	Menteur 111395	Diaphane 59832
Quoloriste	131964	alezan-br.	1916	Montretout 106337	Jugurtha 88544
Quolossal	130322	gris-foncé	1916	Logis 99269	Jouvence 90016
Quolossal	131965	noir	1916	Montretout 106337	Jeanne 85229
Quolot	130884	noir	1916	Laceron 98868	Biche 54382
Quolporteur	129997	gris	1916	Lasso 103951	Karabine 92753
Quoltin	131966	noir	1916	Montretout 106337	Ida 82458
Quoltineur	131967	noir	1916	Koncours 93133	Gentille 78458
Quolumbus	130887	gris-foncé	1916	Célibat 64968	Combette 62857
Quolza	131969	gris	1916	Jointif 87256	Impatience 82515
Quoma	131973	gris-vin.	1916	Montretout 106337	Levure 104407
Quomateux	130328	noir	1916	Lieuvin 103348	Valseuse 48158
Quomateux	131976	gris-foncé	1916	Montretout 106337	Lancette 98224
Quombat	131978	noir	1916	Koncours 93133	Impressionnable 82311
Quombin	130891	gris	1916	Laceron 98868	Konfidence 91147
Quomédien	130332	noir	1916	Mirliton 105710	Historienne 75787
Quomédien	131979	gris	1916	Koncours 93133	Jitomir 88531
Quomique	131980	gris-foncé	1916	Koncours 93133	Nymphe 117309
Quomitat	130335	gris	1916	Limon 99810	Mignarde 107830
Quomitat	131981	gris-bleu	1916	Koncours 93133	Lavande 101805
Quomité	130336	gris	1916	Limon 99810	Jaumière 85107
Quomité	131985	gris	1916	Lettré 104631	Lime 101460
Quomitial	131986	gris-foncé	1916	Lettré 104631	Karata 96279
Quommand	131988	noir	1916	Muet 109445	Hausse 77312
Quommandeur	131984	gris	1916	Loris 100377	Gambade 81590
Quommis	130340	gris	1916	Logis 99269	Manette 105805
Quommis	131991	noir	1916	Montretout 106337	Vigoureuse 55962

NOM	N°	ROBE	Naissance	PÈRE	MÈRE
Quommissaire	131992	noir	1916	Montretout 106337	Location 102574
Quommodat	131993	noir	1916	Koncours 93133	Isly 83049
Quommun	130341	noir	1916	Lieuvin 103348	Romance 62179
Quommun	131994	gris	1916	Lettré 104631	Docile 69199
Quommunard	131997	gris	1916	Keris 93769	Gélatine 73015
Quompas	130345	gris	1916	Lougre 100470	Finette 47175
Quompas	132001	noir	1916	Kobez 96324	Julie 87490
Quompère	132006	gris-foncé	1916	Lettré 104631	Polka 84492
Quomplet	130346	gris	1916	Lougre 100470	Kabbaye 90290
Quomplet	132007	gris-foncé	1916	Keris 93769	Koléa 96408
Quomplot	132009	gris	1911	Myrmidon 109533	Jodelle 98258
Quomposé	132010	gris-foncé	1916	Lettré 104631	Katilina 96504
Quompositeur	132011	gris-l.-v.	1916	Lascif 103725	Kilkennie 96404
Quompost	132012	noir	1916	Loris 100377	Muscadelle 109484
Quompound	132018	gris-t.-f.	1916	Lettré 104631	Machine 109551
Quompris	132017	gris	1916	Lascif 103725	Fédora 51952
Quompromis	132021	gris	1916	Lédon 101823	Mérida 104904
Quomptoir	130356	noir	1916	Limon 99810	Hébé 66215
Quomtadin	130352	noir	1916	Logis 99269	Groseille 69983
Quomtadin	132026	gris	1916	Muet 109445	Mission 110061
Quomtal	132022	gris-foncé	1916	Jan 84219	Musicale 109501
Quomtat	130350	noir	1916	Logis 99269	Miaulante 107812
Quomtat	130894	gris-noir	1916	Mordicant 110698	Jasion 88027
Quomté	132027	gris	1916	Mérovingien 104826	Italienne 79322
Quomtois	130353	noir-zain	1916	Lustre 99965	Mireille 50300
Quomtois	132028	gris	1916	Lettré 104631	Kouchette 95859
Quomus	130895	noir	1916	Lorientais 103276	Hécatombe 77390
Quonakry	130900	noir	1916	Célibat 64968	Halte 73675
Quoncept	132030	noir	1916	Marceau 107660	Mansarde 110264
Quoncert	130355	gris	1916	Limon 99810	Matha 109667
Quoncert	132031	gris	1916	Marceau 107660	Juvenilia 87363
Quoncerto	130357	gris-foncé	1916	Limon 99810	Kriard 91424
Quoncerto	132032	gris	1916	Marceau 107660	Kortone 96376
Quoncetti	132035	gris-foncé	1916	Myrmidon 109533	Amoureuse 64747
Quonchylien	132036	gris	1916	Keris 93769	Messine 109016
Quoncierge	132037	noir	1916	Limonadier 101461	Moquette 104827
Quonciliant	132040	gris-foncé	1916	Kaxton 96514	Mulotte 57547
Quoncini	130902	gris-f.-f.	1916	Lanier 101743	Kadoche 92981
Quoncis	130359	gris	1916	Limon 99810	Mouvette 48005
Quoncis	132044	gris	1916	Lettré 104631	Grivoise 73030
Quoncordat	130360	gris	1916	Limon 99810	Gustine 71046
Quoncordat	130903	gris-bleu	1916	Lanier 101743	Fatma 84386
Quoncordat	132044	bai-cerise	1916	Limonadier 101461	Mirette 46700
Quoncours	130361	gris	1916	Limon 99810	Jativa 86152
Quoncours	132045	gris-t.-f.	1916	Limonadier 101461	Paquerette 50560

NOM	N°	ROBE	Naissance	PÈRE	MÈRE
Quoncret	132045	gris-foncé	1916	Instar 78857	Maritale 110343
Quoncubin	132048	gris-foncé	1916	Lettré 104631	Larve 103715
Quoncurrent	132049	noir	1916	Instar 78857	Gestradella 72262
Quondé	129591	gris	1916	Lumineux 100865	Hazyadé 74446
Quondé	130904	gris-bleu	1916	Lanier 101743	Lectrice 100520
Quondeau	130333	bai-foncé	1916	Logis 99269	Ecrine 68481
Quondet	130039	gris-foncé	1916	Labruty 99249	Corvette 67753
Quondillac	130908	noir-zain	1916	Lanier 101743	Héricourt 77213
Quondiment	130365	alezan	1916	Lustre 99965	Rigolette 61469
Quondit	130364	noir	1916	Lustre 99965	Homophonie 75638
Quondit	132055	gris	1916	Marceau 107660	Ingrie 83010
Quondor	130368	gris	1916	Limon 99810	Masse 106301
Quondor	132058	gris	1916	Kéris 93769	Kourroie 95896
Quondorcet	130906	noir	1916	Célibat 64968	Mansuétude 110268
Quonducteur	132059	gris	1916	Kéris 93769	Sérénade 47946
Quonduit	132062	gris	1916	Muet 109445	Rosette 84487
Quondylien	130370	noir-zain	1916	Mameluch 105511	Méditation 108222
Quondylien	132063	gris	1916	Kaxton 96514	Kaucasie 96502
Quône	130371	noir	1916	Gazier 69350	Hochette 74267
Quône	132066	gris	1916	Muet 109445	Inn 83011
Quonfédéré	132067	gris	1916	Muet 109445	Lingotière 101494
Quonfetti	128780	noir	1916	Gazier 69350	Méduse 108224
Quonfetti	132068	gris-foncé	1916	Lettré 104631	Kermesse 46750
Quonfiant	130373	noir	1916	Marinier 107253	Vernette 62723
Quonfident	130374	gris	1916	Lougre 100470	Héritée 74331
Quonfident	132069	gris-foncé	1916	Lettré 104631	Nieulle 117419
Quonfins	130375	noir	1916	Lougre 100470	Giletière 70112
Quonfiseur	132072	gris-foncé	1916	Lettré 104631	Rose 64609
Quonflit	130376	noir	1916	Lougre 100470	Honorée 74329
Quonflit	130378	gris	1916	Lougre 100470	Kluze 92607
Quonflit	132075	noir	1916	Mathias 104878	Hasardeuse 77308
Quonfluent	132076	gris-foncé	1916	Mathias 104878	Lésine 104020
Quonfort	130380	noir	1916	Lilas 99350	Léonine 100720
Quonfort	132078	gris-vin.	1916	Lapsus 104417	Granule 98230
Quontrère	132079	gris-foncé	1916	Lettré 104631	Mélisse 106000
Quonfucius	130911	gris-noir	1916	Laceron 98868	Gloutonne 71905
Quongé	130384	gris	1916	Fier-à-Bras 65250	Italie 80772
Quongé	132081	gris-foncé	1916	Lettré 104631	Jahel 93506
Quongo	130915	gris	1916	Huitain 73993	Kastomia 95303
Quongolais	132085	gris	1916	Myrmidon 109533	Lise 101510
Quongrès	130387	noir	1916	Kontus 93623	Cocodette 69268
Quongrès	132090	gris-foncé	1916	Lettré 104631	Majorque 109567
Quongru	132091	gris-foncé	1916	Lettré 104631	Isaurie 83038
Quonifère	132092	gris	1916	Mathias 104878	Literie 101516
Quonique	132097	noir-zain	1916	Loquace 104466	Maline 109575

NOM	Nº	ROBE	Naissance	PÈRE	MÈRE
Quonjoint	132093	noir	1916	Mathias 104878	Nonaville 117452
Quonjonctif	132098	bai-mar.	1916	Mathias 104878	Mignonne 61195
Quonjugal	132099	noir-zain	1916	Mathias 104878	Lina 98223
Quonjungo	130391	noir	1916	Lilas 99350	Timbale 46226
Quonjungo	132101	gris-foncé	1916	Kaxton 96514	Kérite 93943
Quonjuré	132102	gris-foncé	1916	Mathias 104878	Hachère 78357
Quonnaisseur	132103	noir	1916	Mérovingien 104826	Mascotte 60650
Quonnectif	132104	gris-vin.	1916	Mérovingien 104826	Italie 82670
Quonnétable	132107	noir	1916	Loquace 104466	Kyste 97213
Quonnu	132108	noir-zain	1916	Loquace 104466	Hélice 77466
Quonquérant	130394	gris	1916	Kontus 93623	Herbette 77084
Quonquérant	132109	gris-vin.	1916	Loquace 104466	Hevée 76032
Quonquis	130396	noir	1916	Loiret 99645	Korange 90362
Quonquis	132110	gris	1916	Loquace 104466	Licorne 103980
Quonrad	130920	gris	1916	Mordicant 110698	Rosette 52251
Quonscient	130398	gris	1916	Lilas 99350	Rosalie 48198
Quonscient	132111	gris-foncé	1916	Douvreur-ex-Couvreur 60641	Havane 77844
Quonscrit	130401	gris	1916	Kontus 93623	Lascive 100580
Quonscrit	132112	gris	1916	Loquace 104466	Pelote 49417
Quonseil	130403	gris-foncé	1916	Loiret 99645	Kréature 94404
Quonseil	132113	gris	1916	Marguillier 107679	Marchande 109606
Quonseiller	132115	gris	1916	Laguis 100589	Jezabel 98255
Quonsensus	130406	gris	1916	Loiret 99645	Laure 58458
Quonsensus	132117	gris	1916	Michel 105189	Turlurette 50289
Quonsommé	130409	noir	1916	Kontemporain 91579	Kaxa 95085
Quonsort	130412	noir	1916	Loiret 99645	Morphine 106937
Quonsort	132119	gris	1916	Michel 105189	Kerbéla 96388
Quonspirant	130414	noir	1916	Lilas 99350	Noologie 113561
Quonstat	132124	gris	1916	Jan 84219	Honguette 77767
Quonstellé	132125	gris	1916	Kobez 96324	Lemna 101837
Quonsterné	132126	gris	1916	Kobez 96324	Coquette 56115
Quonsul	130392	gris	1916	Guignolet 70023	Héminée 77095
Quonsul	132127	noir-zain	1916	Jan 84219	Marie 109617
Quonsulat	130422	gris	1916	Képi 91690	Sauvons-Nous 57492
Quontact	130423	gris	1916	Fier-à-Bras 65250	Lisette 49281
Quontadin	130424	noir	1916	Languier 100640	Coquette 68867
Quontadin	132131	gris	1916	Kobez 96324	Frisette 98221
Quonte	130425	gris-clair	1916	Languier 100640	Houlette 74184
Quontent	130428	noir	1916	Languier 100640	Denise 55327
Quontent	131941	gris	1916	Kontemporain 91579	Jubine 53017
Quontent	132132	gris	1916	Lettré 104631	Location 101569
Quontenu	132135	bai	1916	Lascif 103725	Klébane 96325
Quonteur	130431	noir	1916	Lilas 99350	Irène 79823
Quonteur	132136	noir	1916	Lascif 103725	Inde 83217
Quontigu	132137	gris	1916	Lettré 104631	Thérésa 64725

NOM	N°	ROBE	Naissance	PÈRE	MÈRE
Quentilly	129715	gris-fer	1916	Molière 105351	Istrich 81286
Quontinent	130432	noir	1916	Lilas 99350	Kampêche 90914
Quontinent	132139	gris	1916	Jan 84219	Navette 115559
Quontinuel	130434	noir	1916	Lilas 99350	Madeleine 52175
Quontinuel	132145	gris	1916	Importun 80576	Monisette 111166
Quontour	130436	gris	1916	Lucumon 100857	Rigolette 47723
Quontour	132147	noir	1916	Importun 80576	Mercuriale 109726
Quontraint	130437	gris clair	1916	Languier 100640	Bijou 60146
Quontraint	132149	gris	1916	Laurent 104533	Konnivence 95786
Quontralto	130438	gris	1916	Lucumon 100857	Logique 99519
Quontralto	132151	gris	1916	Karliz 96713	Konêtche 96346
Quontredit	132154	gris	1916	Kouli 97151	Lutherie 102722
Quontrefort	132156	gris	1916	Marguillier 107679	Melpomène 111068
Quontrit	130456	gris	1916	Koncou 91328	Lazulite 100653
Quontrôleur	130461	noir	1916	Fier-à-Bras 65250	Kasrolle 92774
Quontumax	130463	noir	1916	Kontemporain 91579	Alise 56974
Quontumax	132158	gris	1916	Importun 80576	Laloire 104353
Quontus	130464	noir	1916	Kalot 92507	Largue 100663
Quontus	132159	gris-foncé	1916	Marguillier 107679	Lente 401842
Quonty	130937	gris-bleu	1916	Lanier 101743	Katchar 95065
Quonvent	130466	gris	1916	Kalot 92507	Inventaire 79412
Quonvent	132162	noir-zain	1916	Kolomb 96547	Jouvence 86649
Quonvergent	130467	noir	1916	Kalot 92507	Grimace 55791
Quonvers	130468	gris	1916	Kalot 92507	Moricette 105323
Quonvers	132163	gris	1916	Jan 84219	Gélique 98231
Quonverti	132168	gris-vin.	1916	Jan 84219	Carpette 67500
Quonvict	130474	gris	1916	Komplex 91539	Lainière 100175
Quonvict	132173	gris	1916	Jan 84219	Dalilas 61085
Quonvive	130475	gris	1916	Mirabeau 109361	Grivois 61873
Quonvive	132174	gris	1916	Jan 84219	Frileuse 61084
Quonvoi	130477	gris	1916	Kontemporain 91579	Kalette 92807
Quonvoi .	132175	bai-mar.	1916	Kolomb 96547	Tempête 64587
Quonvol	132176	noir	1916	Kolomb 96547	Gouline 70669
Quonvolvulus	132179	gris-vin.	1916	Laurent 104533	Levure 101878
Quonvoyeur	130478	noir-zain	1916	Kontemporain 91579	Lance 97874
Quook	129017	gris	1916	Japon 84818	Nume 111903
Quook	130925	noir-m.-t.	1916	Minuit 107582	Hue-hue 77053
Quooper	130927	noir-zain	1916	Huitain 73999	Illogique 80398
Quopahu	130482	gris	1916	Kontemporain 91579	Bichette 55351
Quopahu	132181	gris	1916	Kolomb 96547	Khiva 96399
Quopain	130483	gris	1916	Kontemporain 91579	Brunette 55891
Quopain	132182	gris	1916	Laguis 100589	Mappemonde 110279
Quopaïs	130929	gris-foncé	1916	Huitain 73993	Lisa 44180
Quopal	130485	gris	1916	Kalot 92507	Menda 49773
Quopal	132185	gris	1916	Merey 105783	Moustache 93493

NOM	N°	ROBE	Naissance	PÈRE	MÈRE
Quopeau	130487	gris	1916	Komplex 91839	Huisserie 73947
Quopeau	132185	gris	1916	Importun 80576	Malice 111019
Quopeck	130490	noir	1916	Fier-à-Bras 65250	Jussion 90140
Quopeck	132186	gris	1916	Importun 80576	Landaise 104137
Quopernic	130931	noir	1916	Lalo 100497	Jargonne 88051
Quopieux	130492	noir	1916	Kalot 92507	Nodosité 114776
Quopin	129016	gris	1916	Japon 84819	Mûre 104944
Quoppée	130933	gris-foncé	1916	Lorientais 103276	Justinienne 87946
Quoprin	130493	noir	1916	Kalot 92507	Nouka 114906
Quoprin	132196	gris	1916	Importun 80576	Libèle 101895
Quoqoricot	128928	gris	1916	Labruty 99249	Kildarée 92287
Quoquard	130494	gris	1916	Kalot 92507	Lamia 97753
Quoquard	132200	gris	1916	Marguillier 107679	Libellule 101896
Quoquebin	130498	noir	1916	Kontemporain 91579	Lanche 101730
Quoquebin	132201	noir-zain	1916	Maquis 110284	Harangue 75611
Quoqueleux	132202	gris-foncé	1916	Laguis 100589	Margot 93494
Quoquelicot	130499	gris-clair	1916	Kroquet 91851	Polka 73340
Quoquelicot	132204	gris	1916	Lascif 103725	Lécithine 104820
Quoquelin	130935	gris-foncé	1916	Lanier 101743	Héroïne 98482
Quoquelin	132746	gris	1916	Kontemporain 91579	Courageuse 68829
Quoquemar	130500	noir	1916	Kontemporain 91579	Lanterne 101742
Quoquemar	132209	gris	1916	Lascif 103725	Kinette 96752
Quoquerel	130936	noir	1916	Minuit 107582	Midie 109338
Quoquerico	130501	noir-zain	1916	Kontemporain 91579	Isabelle 81809
Quoqueron	130595	gris	1916	Guignolet 70023	Coquette 53537
Quoquet	129686	noir	1916	Larpent 99117	Kalize 92095
Quoquet	130506	noir	1916	Guignolet 70023	Merluche 107769
Quoquétas	129098	gris	1916	Jallien 86306	Lorine 97866
Quoquin	130509	noir	1916	Kontemporain 91579	Iphigénie 80111
Quoquinet	130511	gris	1916	Kontemporain 91579	Hongrie 74008
Quoquinet	132217	gris	1916	Lascif 103725	Girandole 72878
Quor	130512	gris	1916	Kontemporain 91579	Narcose 113999
Quor	132218	gris	1916	Kolomb 96347	Roséa 57483
Quorail	130518	gris	1916	Kalot 92507	Sidonie 66922
Quorail	132216	noir-m.-t.	1916	Kolomb 96347	Frisette 73357
Quorallien	130520	noir	1916	Mylord 107421	Kaline 92496
Quorallin	132223	noir	1916	Importun 80576	Adresse 64660
Quoran	130521	gris	1916	Mirabeau 109361	Ixora 84325
Quoran	132224	noir	1916	Importun 80576	Lisette 56015
Quoran	132709	gris	1916	Niagara 118163	Liseron 104354
Quorat	130050	noir	1916	Josué 88841	Cora 53~~107~~
Quorato	130942	gris-bleu	1916	Kontemporain 91579	Kernevella 93732
Quorbeau	130526	gris	1916	Juvénal 83553	Géante 63203
Quorbeau	132227	gris	1916	Mercy 105783	Maltôte 110195
Quorbeil	130943	noir	1916	Minuit 107582	Mytilène 107487

NOM	N°	ROBE	Naissance	PÈRE	MÈRE
Quorbillon	130528	gris	1916	Kontemporain 91579	Claudine 58297
Quorbillon	132228	gris-l.-v.	1916	Lascif 103725	Mentelle 109722
Quorbin	130527	noir	1916	Juvénal 83553	Kartouche 91937
Quorbin	132229	bai	1916	Mercy 105783	Koursive 95899
Quorbulon	130955	bai-mar.	1916	Lalo 100197	Kaketie 92411
Quorcieux	130945	bai-brun	1916	Karolus 93008	Souris 61371
Quordeau	132232	gris	1916	Maquis 110284	Lieuse 101926
Quordelier	130956	noir	1916	Minuit 107582	Kainotomia 95248
Quordial	130529	gris	1916	Jersey 86498	Kuissière 91885
Quordon	130530	noir	1916	Jersey 86498	Julienne 88627
Quordon	132238	noir	1916	Japon 84819	Léonure 100723
Quordonet	130073	gris	1916	Lasso 103951	Indiscrétion 80862
Quordonnet	130531	gris-clair	1916	Lucumon 100857	Margot 61308
Quordonnet	132239	noir	1916	Loto 104424	Normanique 118001
Quordonnier	130532	noir	1916	Lalo 100197	Ichoreuse 82290
Quordonnier	132241	noir	1916	Marbœuf 104799	Pluvieuse 67455
Quordouan	130957	noir	1916	Célibat 64968	Galfe 93399
Quoréen	130533	noir	1916	Lalo 100197	Fanfare 81792
Quoréen	130958	noir	1916	Lagor 100512	Nickléine 115757
Quoréen	132242	gris	1916	Marbœuf 104799	Eglantine 64074
Quoréopsis	130534	gris	1916	Jean-qui-rit 88772	Gombaise 70683
Quoréopsis	132243	gris	1916	Marbœuf 104799	Musique 110893
Quorigan	132548	gris	1916	Kerdrain 95437	Lumineux 64243
Quorindon	130536	gris	1916	Jean-qui-rit 88772	Vénitienne 58345
Quorindon	132245	noir	1916	Mahomet 111329	Noologie 117994
Quorinthien	130537	gris-clair	1916	Jean-qui-rit 88772	Longlée 103350
Quoriolan	130959	noir	1916	Lagor 100512	Immanente 82236
Quorioli	130964	noir	1916	Laceron 98868	Intensive 82364
Quork	130966	noir	1916	Lagor 100512	Kassutas 93922
Quormes	129269	gris-foncé	1916	Kroquet 91851	Kontinue 93612
Quormier	130540	noir	1916	Lalo 100197	Gazette 70641
Quormier	132248	gris	1916	Mulet 110858	Laurière 102887
Quormon	130967	noir	1916	Lagor 100512	Khédive 92067
Quormoran	130541	gris-t.-f.	1916	Labruty 99249	Souplesse 66985
Quornac	130542	noir	1916	Laboureur 104443	Istrie 97736
Quornaro	130969	gris	1916	Lagor 100512	Kadmia 95250
Quorneau	130544	gris-clair	1916	Lalo 100197	Chloé 67840
Quorneau	132250	gris	1916	Marguillier 107679	Joconde 96863
Quornélien	130545	gris-t.-r.	1916	Japon 84819	Kaluette 92086
Quornélien	132251	bai-cerise	1916	Lazarre 104493	Joliette 88881
Quornélius	130972	noir	1916	Lorientais 103276	Lisa 78553
Quornet	129113	bai-chat.	1916	Montretout 106337	Jigolette 87948
Quornet	130546	gris-r.	1916	Illettré 81310	Kantie 90721
Quornet	132252	gris	1916	Lazarre 104493	Livèche 101571
Quorneur	132255	gris-clair	1916	Importun 80576	Librairie 99733

NOM	N°	ROBE	Naissance	PÈRE	MÈRE
Quornichon	132256	gris-foncé	1916	Importun 80576	Mascarille 106078
Quornier	130548	gris-foncé	1916	Japon 84819	Lisa 104712
Quornier	132259	gris	1916	Lazarre 104493	Kénia 96376
Quorniste	132260	gris	1916	Mercy 105783	Marianne 107220
Quornu	130554	bai-t.-f.	1916	Képi 91690	Herne 78485
Quornu	132261	noir	1916	Importun 80576	Néoménie 117676
Quornuel	130973	gris	1916	Lorientais 103276	Fauvette 47283
Quornus	130974	noir	1916	Célibat 64968	Lambine 100871
Quoron	130559	noir-m.-t.	1916	Lilas 99350	Hermitière 98055
Quoron	132263	gris	1916	Importun 80576	Joyeuse 87904
Quoronal	132265	gris-foncé	1916	Importun 80576	Nazaréenne 116845
Quoropiet	129092	gris	1916	Montretout 106337	Kapette 92723
Quorossol	130561	noir	1916	Lilas 99350	Rosa 64785
Quorossol	132267	noir	1916	Lycaon 103544	Loquèle 102619
Quorot	130976	gris bleu	1916	Lapereau 100259	Joaillerie 84571
Quoroza	130562	gris	1916	Illettré 81310	Candie 98146
Quoroza	132268	gris-foncé	1916	Instar 78857	Luciole 102686
Quorporal	132269	noir	1916	Muet 109445	Klaudine 96525
Quorporel	130563	noir	1916	Képi 91690	Niobide 114872
Quorporel	132270	gris	1916	Muet 109445	Judaïque 87299
Quorps	132271	gris-clair	1916	Douvreur-ex-Couvreur 58335	Hygie 93469
Quorpus	130977	gris f.-f.	1916	Mirabeau 109361	Poulotte 54019
Quorpus	132273	noir-zain	1916	Loris 100377	Klorinde 96535
Quorrect	132274	gris-clair	1916	Loris 100377	Klotilde 96537
Quorridor	132277	gris-clair	1916	Douvreur-ex-Couvreur 58335	Moussette 57514
Quorsaire	130568	gris-clair	1916	Lannes 100896	Kouleuvre 91333
Quorsaire	130978	gris-f.-f.	1916	Juvénal 83553	Biche 54158
Quorsaire	132285	gris-foncé	1916	Marceau 107660	Fastrade 93465
Quorselet	130570	gris	1916	Morlaix 105709	Lordose 100454
Quorselet	132280	noir	1916	Marceau 107660	Lamettrie 102810
Quorset	130571	gris-clair	1916	Fier-à-Bras 65250	Hactée 74820
Quorset	132281	noir	1916	Marceau 107660	Igualada 83207
Quorsiko	129083	gris	1916	Jésué 88841	Inique 79450
Quorsot	129973	noir	1916	Mirliton 105710	Hélize 76793
Quortège	130574	noir	1916	Fier à-Bras 65250	Hampe 73933
Quortez	130979	gris-noir	1916	Lichas 98731	Gribouillette 71720
Quortical	130576	gris-t.-c.	1916	Fier-à-Bras 65250	Taupine 60459
Quortical	132282	gris	1916	Muet 109445	Miltiade 108520
Quorton	129302	gris-f.-v.	1916	Képi 91690	Kotelette 91309
Quortôt	130980	gris-fer-f.	1916	Lichas 98731	Mercedona 107086
Quorum	128920	gris	1916	Mareuil 53313	Mouche 107439
Quorum	130443	bai-brun	1916	Fier-à-Bras 65250	Laisse 100592
Quorum	132656	gris-t.-f.	1916	Barnac 51162	Lina 104460
Quorvidès	132294	noir	1916	Koncours 93133	Hermance 77311
Quorvin	130981	noir	1916	Lichas 98731	Coquette 63486

NOM	N°	ROBE	NAISSANCE	PÈRE	MÈRE
Quorvinus	130985	noir	1916	Lapereau 100259	Glacière 69795
Quorvisart	130986	gris	1916	Lichas 98731	Idao 54358
Quoryza	132283	gris	1916	Muet 109445	Gentille 72088
Quosaque	129295	gris	1916	Fier-à-Bras 65250	Bijou 68836
Quosaque	130579	gris clair	1916	Laboureur 104443	Invention 79164
Quosaque	130987	gris	1916	Lichas 98731	Margot 87651
Quosaque	132309	noir	1916	Masséna 105113	Ios 83223
Quosinus	130582	gris-foncé	1916	Labruty 99249	La Pieuvre 65490
Quosinus	132294	gris	1916	Muet 109445	Olga 56056
Quosme	131464	gris foncé	1916	Ivan 81244	Charmante 53566
Quosmomara	132296	gris	1916	Limonadier 101461	Castille 61471
Quosmorama	130583	gris	1916	Libéral 100349	Juvénie 85168
Quosmos	130988	noir	1916	Lichas 98731	Insensible 80290
Quosmos	132295	gris	1916	Monnier 108821	Manique 110240
Quossé	130991	gris-noir	1916	Lapereau 100259	Messéne 103573
Quosson	132297	n.-m. t. r	1916	Kconcours 93133	Laodicée 102824
Quossu	132300	gris	1916	Marceau 107660	Larpie 102795
Quosta	130992	gris foncé	1916	Lapereau 100259	Navicule 115643
Quostal	132299	noir	1916	Kconcours 93133	Mandarine 59834
Quostaud	129404	noir	1916	Jallieu 86306	Kainea 91718
Quoster	130993	gris-f.-f.	1916	Lichas 98731	Hirma 97122
Quostumier	132301	gris	1916	Marceau 107660	Biche 50718
Quoteau	130585	noir	1916	Labruty 99249	Hyades 73967
Quoteau	132304	bai	1916	Monnier 108821	Bichette 50563
Quotentin	130586	noir	1916	Guignolet 70023	Installation 78682
Quotentin	130994	gris-bleu	1916	Lichas 98731	Lamie 103144
Quotentin	132305	noir	1916	Monnier 108821	Mantilly 110273
Quotidien	128918	noir	1916	Indécis 83374	Hermine 77587
Quotidien	129256	noir	1916	Lapereau 100259	Gaité 70410
Quotidien	132733	gris	1916	Kabestan 94208	Naffe 117519
Quotidiénet	128924	noir	1916	Mareuil 53313	Hative 76992
Quotient	129087	noir-zain	1916	Larpent 99117	Housse 73582
Quotient	129257	noir	1916	Lapereau 100259	Koustine 92250
Quotient	132734	gris-f.-f.	1916	Laurent 104533	Lampe 104549
Quôtier	130591	gris-foncé	1916	Jean-qui-rit 88772	Jambelette 85595
Quôtier	132307	noir	1916	Muet 109445	Manola 110258
Quotignac	130597	gris	1916	Kalot 92507	Rose 54317
Quotignac	130997	gris-noir	1916	Lichas 98731	Mignonne 107832
Quotignac	132308	gris	1916	Muet 109445	Ismène 83237
Quotignac	132316	gris	1916	Instar 78857	Cayenne 96513
Quotillon	130042	noir	1916	Laboureur 104443	Laque 97853
Quotillon	130599	gris-f.-f.	1916	Mylord 107421	Henrietta 75633
Quotillon	132317	noir	1916	Douvreur-ex-Couvreur 58335	Castille 50656
Quotin	130998	gris-noir	1916	Lichas 98731	Karbine 94760
Quoton	130600	noir	1916	Mylord 107421	Gosette 70494

NOM	N°	ROBE	Naissance	PÈRE	MÈRE
Quoton	131002	noir-r.	1916	Lichas 98731	Kaboche 92446
Quoton	132318	noir-zain	1916	Lettré 104631	Iris 83024
Quotonneux	132319	gris-foncé	1916	Jan 84219	Loquette 102620
Quotonnier	132321	noir	1916	Loquace 104466	Indienne 80498
Quotonu	130209	gris	1916	Labruty 99249	Italia 80925
Quotopaxi	131005	gris bleu	1916	Laceron 98868	Charmante 61464
Quotre	132322	noir	1916	Loquace 104466	Isle 84494
Quotret	130602	noir-zain	1916	Fier-à-Bras 65230	Silhouette 66829
Quotret	132324	noir	1916	Marguillier 107679	Gagnante 73028
Quottius	131008	gris-foncé	1916	Loyal 99953	Moufette 54468
Quotuteur	132326	noir-m.-t.	1916	Importun 80576	Nauplie 117736
Quotylédon	132327	gris	1916	Instar 78857	Klématite 94969
Quouac	130603	gris-t.-c.	1916	Guignolet 70023	Lactose 101668
Quouac	132328	gris	1916	Nouvreur-ex-Couvreur 58335	Courageuse 69092
Quouard	132331	noir	1916	Mercy 105783	Coquette 68180
Quoucheur	132332	gris	1916	Mercy 105783	Laclottée 104208
Quouchis	132333	noir	1916	Lysias 103555	Goquette 98382
Quouchoir	132335	gris-foncé	1916	Lysias 103555	Mixtion 110628
Quoucou	130609	gris-foncé	1916	Guignolet 70023	Bichette 50666
Quoucou	132341	gris	1916	Kourlis 95894	Jouvencelle 87512
Quoudray	129488	gris-vin.	1916	Koncou 91328	Hugolette 73811
Quoudrier	130610	gris-foncé	1916	Kontemporain 91579	Brillante 50207
Quouet	130272	noir	1916	Lorientais 103276	Jonction 88282
Quouguar	132344	noir	1916	Mystérieux 111306	Mulâtresse 109458
Quoulant	130611	gris	1916	Kalot 92507	Larougerie 101674
Quoulant	132346	noir	1916	Mathias 104878	Monique 110077
Quoulimer	132289	noir	1916	Muet 109445	Galante 72171
Quoulis	132347	gris	1916	Mathias 104878	Jouvence 88921
Quoulisseau	132350	alezan	1916	Loquace 104466	Etoile 63279
Quoulissier	132361	gris	1916	Mathias 104878	Musette 111251
Quouloir	132352	gris	1916	Klaro 97235	Altière 98562
Quoup	132354	gris	1916	Loquace 104466	Lentille 103972
Quoupable	132358	noir	1916	Millerand 108519	Jarrie 89209
Quoupant	132359	gris	1916	Moulins 108273	Italia 82826
Quouperet	132362	gris	1916	Marceau 107660	Kaprière 97478
Quoupeur	132363	noir	1916	Mathias 104878	Indonésie 98578
Quouplet	132364	gris	1916	Loiret 103444	Galsuinthe 93538
Quoupleur	132366	gris	1916	Kourlis 95894	Houle 76043
Quoupoir	132369	noir	1916	Kourlis 95894	Gigue 98570
Quoupon	132370	noir	1916	Loquace 104466	Gala 104739
Quour	129227	gris	1916	Lichas 98731	Limaire 100255
Quourageux	132371	noir	1916	Mystérieux 111306	Jonvelle 87877
Quourant	132373	noir-zain	1916	Lapsus 104417	Goulue 98569
Quourbattu	132375	gris	1916	Loto 104424	Inde 98541
Quourbet	131010	noir-m.-t.	1916	Juvénal 83553	Lauracée 99609

NOM	N°	ROBE	NAISSANCE	PÈRE	MÈRE
Quourcaillet	132376	noir zain	1916	Mathias 104878	Hermine 74837
Quourcival	130893	noir	1916	Marceau 104772	Charmante 87562
Quoureur	132377	gris	1916	Mathias 104878	Kaptive 97481
Quourgimer	131461	gris-foncé	1916	Lyonnais 102760	Hache 75375
Quourlieu	132384	gris	1916	Mathias 104878	Montana 110045
Quourlis	132383	gris	1916	Lapsus 104417	Karafe 97490
Quournot	131014	noir	1916	Lanier 101743	Noyellette 115517
Quouronné	132387	gris	1916	Loiret 103444	Léda 103977
Quourrier	132388	noir	1916	Loiret 103444	Isabeau 81226
Quourroux	132389	gris	1916	Loiret 103444	Kilie 97155
Quaurs	132390	bai	1916	Loquace 104466	Douce 59973
Quoursier	130616	gris-foncé	1916	Guignolet 70023	Girouette 70730
Quoursier	132391	noir	1916	Loquace 104466	Hollande 77861
Quourson	132392	noir	1916	Millerand 108519	Mariette 111399
Quourt	132396	gris	1916	Loiret 103444	Gigue 75087
Quourtaud	130618	gris	1916	Mirabeau 109361	Ionienne 81437
Quourtaud	132398	gris	1916	Loquace 104466	Jaderie 87907
Quourtier	132399	gris	1916	Loquace 104466	Sucrette 84491
Quourtil	130619	gris-foncé	1916	Mirabeau 109361	Lucrèce 101318
Quourtil	132400	gris	1916	Mathias 104878	Mitraille 108267
Quourtisan	132401	noir-m.-t.	1916	Mystérieux 111306	Kyrielle 97212
Quourtois	131054	bai-brun	1916	Juvénal 83353	Jaffa 88489
Quourtois	132405	gris	1916	Doguet-ex-Sapeur 60641	Junia 93462
Quouscous	130623	gris-foncé	1916	Mirabeau 109361	Muscade 106684
Quouscous	132406	gris	1916	Guillaume-Tell 72926	Finette 67739
Quousin	130624	gris-clair	1916	Mirabeau 109361	Paule 50378
Quousin	131049	noir	1916	Lichas 98731	Joharde 88114
Quousin	132415	gris	1916	Guillaume-Tell 72926	Dantone 60322
Quoussin	130625	gris-foncé	1916	Mirabeau 109361	Castille 49271
Quoussinet	130628	bai-t.-f.	1916	Lalo 100197	Lactate 101662
Quouston	130627	gris	1916	Kontemporain 91579	Koméo 95057
Quoustou	131051	gris-fer	1916	Lapereau 100259	Lunatique 99957
Quouteau	130629	gris-clair	1916	Kalot 92507	Kornue 91635
Quoutil	130633	gris-foncé	1916	Labruty 99249	Sultane 67352
Quoutras	131052	gris-t.-f.	1916	Lapereau 100259	Laitière 99958
Quoutrier	130634	gris	1916	Kontemporain 91579	Kantienne 89663
Quoutumier	132419	gris	1916	Guillaume-Tell 72926	Jambette 85670
Quouturier	132420	noir	1916	Doguet-ex Sapeur 60641	Epingle 50224
Quouvain	130638	bai-clair	1916	Lalo 100197	Muqueuse 106668
Quouvain	132427	noir	1916	Klaro 97235	Jarretière 84049
Quouvent	130639	gris-clair	1916	Lalo 100197	Igname 81468
Quouvent	132421	gris	1916	Montesquieu 110090	Miette 111315
Quouvert	132422	rouan	1916	Muet 109445	Genette 87735
Quouvet	132423	gris	1916	Guillaume-Tell 72926	Badine 49806
Quouvi	132424	gris	1916	Guillaume-Tell 72926	Massive 108387

NOM	N°	ROBE	Naissance	PÈRE	MÈRE
Quouvoir	132425	bai	1916	Doguet-ex-Sapeur 60641	Lanice 103990
Quouvreur	131938	noir	1916	Douvreur-ex-Couvreur 58335	Javalle 86007
Quouvreur	132428	gris	1916	Loiret 103444	Nanette 118645
Quovadis	128923	noir	1916	Kilo 94631	Nida 116251
Quovadis	131141	gris-fer-f.	1916	Lanier 101743	Moly 107397
Quo-Vadis	128800	gris-t.-f.	1916	Jallieu 86306	Herminie 74523
Quo-Vadis	131954	gris-foncé	1916	Mimosa 109651	Mirtille 114190
Quovendeur	132429	noir	1916	Klaro 97235	Gavotte 72724
Quox	130939	noir	1916	Lanier 101743	Javotte 85170
Quoxal	132432	gris	1916	Limaçon 103785	Karoline 96634
Quoypel	131060	gris-noir	1916	Juvénal 83553	Kuizine 91734
Quoysevox	131061	gris-fer	1916	Juvénal 83553	Lavure 103093
Qupidon	130054	gris	1916	Josué 88841	Injure 80008
Qupithon	128794	noir	1916	Laboureur 104443	Fanchette 67203
Quraçao	129041	gris-t.-f.	1916	Menu 105555	Raclette 64230
Qurateur	129141	noir	1916	Mordicant 110698	Juvénale 86459
Qurhet	129985	gris-foncé	1916	Mirliton 105710	Maintenue 107594
Qurieux	129545	noir	1916	Lustre 99965	Girandole 70891
Qurieux	130098	noir	1916	Lagor 100512	Génésiaque 69690

STUD-BOOK PERCHERON

JUMENTS

STUD-BOOK PERCHERON

JUMENTS

NOM	N°	ROBE	Naissance	PÈRE	MÈRE
Qadrille	130035	bai-chât.	1916	Japon 84819	Nubienne 112908
Qalipette	130037	grise	1916	Lasso 103951	Mariotte 106010
Qanadine	129992	grise	1916	Microbe 105766	Miliana 105991
Qanicule	130215	grise	1916	Lustre 99965	Pelote 54663
Qanikule	130049	grise	1916	Lescapé 99345	Fileuse 61009
Qanine	129276	gris-fer	1916	Japon 84819	Biche 47288
Qaprice	129977	gris r.	1916	Lasso 103951	Capitale 64010
Qarabine	129365	grise	1916	Képi 91690	Coquette 49607
Qarantaine	130244	noire	1916	Labruty 99249	Malgache 105888
Qaresse	129628	bai-brun	1916	Mirliton 105710	Bachelique 66288
Qassemate	129376	noire	1916	Loyalty 101301	Hadorée 76630
Qassure	130022	bai-brun	1916	Jallieu 86306	Mouvette 64598
Qastrole	130225	grise	1916	Josué 88841	Fracture 60353
Qavalle	130089	gris-vin.	1916	Lagor 100512	Mitre 110630
Qazie	129666	grise	1916	Microbe 105766	Mirka 105675
Qazinette	129993	noire	1916	Japon 84819	Législature 98887
Qermaillon	130009	gris-foncé	1916	Libouret 99738	Lignite 98652
Qladone	129908	noir-zain	1916	Mameluck 105511	Lisette 84365
Qladone	131782	gris-foncé	1916	Marceau 107660	Mnémosyne 110065
Qladonie	131784	bai-brun	1916	Muet 109445	Jurable 87335
Qlaie	129909	noire	1916	Lucumon 100857	Jactance 84900
Qlaire	129911	gris-foncé	1916	Lucumon 100857	Léda 100960
Qlaire	131789	noire	1916	Marceau 107660	Gitana 70028
Qlairette	129346	grise	1916	Microbe 105766	Jalaisette 85850
Qlairette	129518	grise	1916	Josué 88841	Indiana 52507

NOM	N°	ROBE	Naissance	PÈRE	MÈRE
Qlairette	129914	noir zain	1916	Kontus 93623	Suzon 65580
Qlairette	131790	noire	1916	Mercy 105783	Meuse 106039
Qlairière	131791	noir m.-t.	1916	Monnier 108821	Langue 97872
Qlameur	129917	noire	1916	Lieuvin 103348	Kasbah 89820
Qlameur	131792	gris-foncé	1916	Loris 100377	Maille 110149
Qlandestine	131793	gris-foncé	1916	Lagor 100512	Goguette 87589
Qlapo'euse	131794	grise	1916	Lagor 100512	Mûraie 106670
Qlaque	129378	grise	1916	Fier-à-Bras 65250	Gribouillère 69716
Qlaque	129021	grise	1916	Koucou 91328	Moutonne 54258
Qlaque	131795	gris-foncé	1916	Lagor 100512	Kodéine 95685
Qlaquette	129924	gris-foncé	1916	Lumineux 100865	Mellite 108234
Qlaquette	131796	grise	1916	Loris 100377	Jabline 88760
Qlarine	129925	grise	1916	Lumineux 100865	Laborde 100923
Qlarine	131797	gris-clair	1916	Loris 100377	Mâchure 110133
Qlarinette	129928	gris foncé	1916	Mameluck 105511	Jalice 85019
Qlarinette	129090	gris-foncé	1916	Mirliton 105710	Roulette 67531
Qlarinette	131799	gris-foncé	1916	Instar 78857	Kohérente 95687
Qlarisse	129333	noire	1916	Japon 84819	Marotte 105677
Qlarisse	131800	grise	1916	Instar 78857	Ispahan 83128
Qlarté	131801	grise	1916	Luron 97902	Mouvette 75010
Qlasse	131802	gris-foncé	1916	Lot 100380	Charmante 57530
Qlause	131803	gris foncé	1916	Lockray 103425	Kolère 95695
Qlavette	131804	noire	1916	Lockray 103425	Spatule 60139
Qlavicule	131805	noir-zain	1916	Couvreur-ex-Couvreur 58335	Klifoire 94977
Qlayère	131807	grise	1916	Lot 100380	Guillerette 72107
Qlaymore	131808	grise	1916	Lockray 103425	Kouturière 95925
Qlématite	130129	grise	1916	Lasso 103951	Sucrine 55945
Qlématite	131817	grise	1916	Lescapé 99345	Nuée 117098
Qlémence	131944	noire	1916	Luron 97902	Mytilène 110104
Qlergie	129039	grise	1916	Marinier 107253	Joubarbe 83872
Qlergie	131818	gris-foncé	1916	Lescapé 99345	Héride 82871
Qliente	129038	grise	1916	Koucou 91328	Kalamata 92378
Qliente	131820	noire	1916	Lescapé 99345	Conquête 55947
Qlientèle	131822	grise	1916	Lescapé 99345	Nuitée 117102
Qlinique	131823	noire	1916	Lescapé 99345	Joyeuse 87157
Qlique	129041	grise	1916	Mameluck 105511	Lisbonne 101023
Qlique	131824	gris-noir	1916	Luron 97902	Machine 110122
Qliquette	129042	grise	1916	Lucumon 100857	Kamisole 90686
Qliquette	131826	grise	1916	Luron 97902	Joze 88614
Qlisse	129043	noire	1916	Lucumon 100857	Kamomille 90687
Qlisse	131828	gris-f. c.	1916	Couvreur-ex-Couvreur 58355	Numératrice 117108
Qloche	129102	grise	1916	Menu 105555	Risette 57453
Qloche	129946	noire	1916	Lucumon 100857	Joliveté 86283
Qloche	131830	gris-foncé	1916	Couvreur-ex-Couvreur 58335	Malvenue 110199
Qlochette	130136	bai-mar.	1916	Matériel 106248	Mirca 57430

NOM	N°	ROBE	NAISSANCE	PÈRE	MÈRE
Clochette	131831	gris-clair	1916	Deusveur-ex-Couvreur 58335	Malveillance 110197
Cloison	130137	noire	1916	Matériel 106248	Lécluse 100955
Clopette	129103	noire	1916	Menu 105555	Italique 79942
Cloque	130139	grise	1916	Marinier 107253	Mouvette 61324
Cloque	131840	noire	1916	Monnier 108821	Henriette 81598
Close	130142	grise	1916	Mameluck 105511	Klovisse 91128
Close	131841	bai br.-r.	1916	Muet 109445	Hia 82900
Cloutière	130146	grise	1916	Lapsus 99303	Luxuriante 103092
Cloutière	131843	grise	1916	Muet 109445	Irma 81973
Clovisse	131847	grise	1916	Monnier 108821	Neigeuse 59277
Cloyère	130147	grise	1916	Lapsus 99303	Kirosette 94467
Cloyère	131848	grise	1916	Marceau 107660	Korde 95020
Cluse	130152	grise	1916	Longre 100470	Klapoteuse 91052
Clusie	130153	grise	1916	Longre 100470	Reine 54890
Clusie	131850	noire	1916	Instar 78857	Muscade 73329
Colibriche	129665	grise	1916	Josué 88841	Mouche 64976
Coline	129106	noire	1916	Lustre 99965	Biche 54484
Colinette	129567	grise	1916	Lasso 103951	Navette 112372
Comike	129310	gris-foncé	1916	Képi 91690	Mode 105905
Conette	130021	grise	1916	Loyalty 101301	Komette 92108
Confetti	129332	grise	1916	Japon 84819	Lique 99449
Confirmée	129631	grise	1916	Lasso 103951	Krécelle 92333
Confiture	129381	grise	1916	Menu 105555	Lampée 97869
Conquête	129706	grise	1916	Ivan 81244	Hourque 74080
Copelle	129994	grise	1916	Mirliton 105710	Inégalité 79889
Copieuse	129110	alezan-r.	1916	Lustre 99965	Jérémiade 85784
Corda	130251	grise	1916	Mirliton 105710	Invasion 79422
Coriace	129829	grise	1916	Lescapé 99345	Haleine 76070
Corinette	129375	noire	1916	Japon 84819	Pâquerette 81813
Cornue	129231	grise	1916	Loiret 99645	Hybride 75812
Coruberta	129274	noire	1916	Loyalty 101301	Kytoane 92149
Corvetta	130265	noire	1916	Montretout 106337	Lisette 50722
Cosse	129158	grise	1916	Mirliton 105710	Chevrette 58311
Cossue	129321	grise	1916	Japon 84819	Greffe 70352
Cotisse	129334	bai-chât.	1916	Japon 84819	Nolasque 114886
Coudre	129270	noire	1916	Labruty 99249	Molécule 66945
Coudrette	129747	grise	1916	Kalot 92507	Inattendue 80378
Courona	129093	noire	1916	Montretout 106337	Ixine 79917
Cracovie	131029	noire	1916	Komitat 91759	Souris 93396
Craie	130641	noire	1916	Lods 100359	Garrotte 71252
Cramérie	132468	noire	1916	Limaçon 103785	Hulotte 87622
Cramoisie	130266	noire	1916	Montretout 106337	Paquerette 50778
Craponne	131065	noire	1916	Lorientais 103276	Isabelle 90233
Craquette	130020	noire	1916	Loyalty 101301	Nivette 113384
Crassa	128964	noire	1916	Labruty 99249	Intervalle 78912

NOM	N°	ROBE	Naissance	PÈRE	MÈRE
Cravache	129303	noire	1916	Képi 91690	Historiette 74470
Cravache	129352	noire	1916	Japon 84819	Iglotte 80020
Création	131066	gris c. f.	1916	Minuit 107582	Hardie 93325
Crécelle	129343	grise	1916	Microbe 105766	Mouchette 105698
Créditée	130003	grise	1916	Lasso 103951	Lime 98038
Crédule	129287	noire	1916	Morlaix 105709	Moucharde 105560
Crème	131069	gris foncé	1916	Marceau 104772	Bourgogne 67275
Crémone	131070	gris fcé f.	1916	Mylord 107421	Thérèse 53079
Crêpe	129097	gris vin.	1916	Menu 105555	Lourde 99771
Crépière	130323	noire	1916	Logis 99269	Marge 106302
Crésylette	129100	noire	1916	Menu 105555	Marida 105543
Crésyline	129101	noire	1916	Montretout 106337	Heshenne 76859
Crête	130242	noire	1916	Illettré 81310	Taupette 64520
Crête	131071	noir zain	1916	Minuit 107582	Lapse 98694
Crétine	129272	grise	1916	Loyalty 101501	Vaseline 54535
Cretine	131077	noir zain	1916	Jouillat 88642	Maladroite 106466
Creuse	130004	grise	1916	Laboureur 104443	Glossite 69481
Creuse	131078	noire	1916	Incident 80133	Croquette 58217
Creuse	131884	grise	1916	Boissel-en-Couteur 58335	Matinerie 109514
Creuzée	131081	grise	1916	Haïssan 73993	Languette 103277
Crevasse	129365	noire	1916	Marliton 105710	Lancette 50607
Crevette	129105	gris foncé	1916	Janvier 86396	Ignis 80010
Crevette	130061	noire	1916	Lasso 103951	Irlande 79932
Crible	129567	gris foncé	1916	Menu 105555	Mulette 105388
Crimée	131080	bai chât.	1916	Haïssan 73993	Voltige 67988
Crinière	129233	noire	1916	Lustre 99965	Gambétina 69070
Crinière	130267	noire	1916	Montretout 106337	Nébuleuse 52363
Cristhine	130053	gris vin.	1916	Labruty 99249	Isbillette 80019
Cristie	130234	bai foncé	1916	Libouret 99738	Glace 69466
Cristy	129111	grise	1916	Josué 88841	Jersayaise 85921
Critique	131082	noire	1916	Jouillat 88642	Kalouga 95305
Croatie	131084	noire	1916	Jouillat 88642	Lauréate 103270
Crobe	130029	grise	1916	Microbe 105766	Kagosina 92273
Crochetière	130028	grise	1916	Japon 84819	Lactique 97923
Crochetière	130606	gris clair	1916	Képi 91690	Fatma 65603
Crochette	129709	gris foncé	1916	Lescapé 99345	Brillante 52404
Croisade	131087	noire	1916	Jouillat 88642	Jaleuse 87169
Croisette	130285	noire	1916	Mordicant 110698	Lise 101361
Croisette	131088	noire	1916	Jouillat 88642	Faveur 50311
Croisilla	131089	noire	1916	Jouillat 88642	Eolienne 98450
Crollerie	130072	noire	1916	Laboureur 104443	Vésicule 57055
Cropette	129634	noire	1916	Montretout 106337	Menotte 105823
Croquette	129285	grise	1916	Lannes 100896	Kansarde 91096
Crotone	131090	gris noir	1916	Jouillat 88642	Jubine 98502
Croustine	128808	grise	1916	Illettré 81310	Idylle 79668

NOM	N°	ROBE	NAISSANCE	PÈRE	MÈRE
Bruche	131093	noire	1916	Jouillat 88642	Juvénile 86882
Bruelle	131094	gris fer f.	1916	Jouillat 88642	Impériale 98494
Brusca	131095	noire	1916	Huitain 73993	Kléo 95302
Bruseille	131098	noire	1916	Incident 80133	Kustine 95389
Quabale	130642	gris clair	1916	Kontemporain 91579	Lavovette 98776
Quabale	131334	gris foncé	1916	Képi 91690	Intrépidité 79216
Quabale	132593	noire	1916	Kodac 95523	Lolotte 68348
Quabalette	132719	noire	1916	Médavy 111225	Mishella 111214
Quabaleuse	131335	noire	1916	Lanier 101743	Gaillarde 87654
Quabana	129037	alezane	1916	Menu 105555	Malle 105549
Quabane	129049	noire	1916	Menu 105555	Justicia 85803
Quabane	131340	gris-noir	1916	Huitain 73993	Miroiterie 110593
Quabanne	130644	grise	1916	Kalot 92507	Koquetière 91606
Quabine	129590	noire	1916	Lucumon 109857	Rosa 45193
Quabine	131342	gris-foncé	1916	Misanthrope 106210	Marmitée 106190
Quabistra	129054	grise	1916	Japon 84819	Luzerne 98970
Quâblée	131343	gris-foncé	1916	Misanthrope 106210	Sylviane 67599
Quaboche	129597	noire	1916	Iowa 80989	Joyenseté 86260
Quaboche	131344	gris-foncé	1916	Misanthrope 106210	Naissance 115966
Quabola	132605	noir-m. t.	1916	Kabestan 94208	Kama 96133
Quabosse	131345	gris-foncé	1916	Mordicant 110598	Janicule 88495
Quabote	128812	noire	1916	Montretout 106337	Lulu 99584
Quabotine	130211	grise	1916	Labrute 99249	Coquette 81768
Quabotine	130236	noire	1916	Illettré 81310	Chicorée 64382
Quabriole	129056	grise	1916	Laboureur 104443	Bombe 67845
Quabriole	129599	gris-bleu	1916	Célibat 64968	Fauvette 59914
Quabriole	131346	noire	1916	Modèle 105238	Hephémère 76495
Quabrioleuse	131347	noire	1916	Lichas 98731	Galette 98362
Quabyle	129050	grise	1916	Ivan 81244	Biche 73405
Quabylie	130132	grise	1916	Kontemporain 91579	Goguette 90041
Quacahuète	131351	gris-f.-vin	1916	Kagot 92240	Minéralité 110565
Quacaoyère	131355	gris-foncé	1916	Kagot 92240	Modeste 60390
Quachatte	129384	noire	1916	Menu 105555	Neisse 113408
Quache	129091	noire	1916	Menu 105555	Majuscule 110179
Quache	129383	noire	1916	Menu 105555	Judith 85836
Quache	131356	n.-m.-t.-z.	1916	Kagot 92240	Iea 82012
Quachemire	131361	gris-bleu	1916	Quinquina 68945	Charmante 54506
Quachette	129367	noire	1916	Menu 105555	Iniquité 78792
Quachette	129601	noire	1916	Huitain 73993	Gazelle 72907
Quachette	130065	noire	1916	Laboureur 104443	Coquette 99179
Quachette	131359	noire	1916	Quinquina 68945	Gribiche 97025
Quachexie	129600	gris vin.	1916	Célibat 64968	Joncière 85746
Quachexie	131362	noire	1916	Quinquina 68945	Nègreville 116550
Quachine	130023	grise	1916	Josué 88841	Laflemme 100236
Quachucha	131364	gris-foncé	1916	Kagot 92240	Jongleuse 68024

NOM	N°	ROBE	NAISSANCE	PÈRE	MÈRE
Quacologio	131368	gris-fer-f.	1916	Kagot 92240	Lettrine 104141
Quadastrale	131371	noire	1916	Mordicant 110698	Justine 86713
Quadastrie	130121	bai-chât.	1916	Lescapé 99345	None 111924
Quadatrice	131667	noire	1916	Importun 80576	Banquise 64227
Quade	129266	gris bleu	1916	Lescapé 99345	Intimation 79123
Quade	131101	noir cr. t.	1916	Huitain 73993	Naine 113565
Quade	131372	gris-v.t.	1916	Jaïnukle 86456	Jaseuse 86757
Quadence	129604	grise	1916	Iowa 80989	Hocheuse 76644
Quadence	131373	alezane	1916	Kaliden 95297	Cocotte 84450
Quadenette	129605	grise	1916	Kroquet 91851	Kolone 93921
Quadenette	131374	noir-zain	1916	Magellan 106095	Hisette 97738
Quades	129342	grise	1916	Japon 84819	Lotion 100379
Quades	130294	grise	1916	Lescapé 99345	Azorette 63451
Quadette	129638	noire	1916	Menu 105555	Jade 85234
Quadette	129607	noire	1916	Illettré 81310	Fauvette 62839
Quadette	131375	gris-noir	1916	Magellan 106095	Fauvette 75255
Quadix	129290	noire	1916	Fier-à-Bras 65250	Colombine 62922
Quadméenne	131376	noir zain	1916	Magellan 106095	Pistache 54632
Quadmie	131379	baie	1916	Cocantin 54388	Laroche 101608
Quadole	129613	noire	1916	Karolus 95008	Kommode 91981
Quadole	131381	noir-zain	1916	Incident 80133	Jolie 85692
Quadra	130116	grise	1916	Lager 100512	Martingale 109832
Quadra	130287	grise	1916	Lorientais 103276	Merveille 107279
Quadra	130745	rouanne	1916	Mahonnais 107558	Kermesse 94825
Quadragésime	130233	noire	1916	Libouret 99738	Larme 97976
Quadragésime	131660	gris foncé	1916	Mahonnais 107558	Kaffa 96113
Quadrant	132471	grise	1916	Municipal 110863	Hippiatrie 78376
Quadrante	131712	noire	1916	Kabestan 94208	Imola 81095
Quadrate	130080	grise	1916	Libouret 99738	Belladone 44025
Quadratrice	128836	gris-foncé	1916	Labruty 99249	Abjectif 66372
Quadratrice	132474	noire	1916	Loto 104424	Jugeotte 88987
Quadrature	128793	alezan-r.	1916	Loris 100377	Herminette 76613
Quadrature	128839	grise	1916	Kalot 92507	Lavisse 100534
Quadrature	131326	noire	1916	Moy 105798	Imposte 82098
Quadrature	131383	noire	1916	Incident 80133	Mascotte 68742
Quadrature	132469	grise	1916	Logicien 103918	Jouvence 98560
Quadrature	132632	grise	1916	Lion 101492	Latte 104409
Quadrifide	131316	noire	1916	Idomen 83507	Induline 79127
Quadrige	129313	grise	1916	Limon 99810	Inversion 80589
Quadrige	132473	grise	1916	Loto 104424	Moustille 110817
Quadrigea	131314	noire	1916	Lamantin 103613	Kottack 96135
Quadrilatérale	131324	noire	1916	Klocher 95657	Illyrienne 82555
Quadrilla	131683	rouanne	1916	Hauterive 78282	Josabeth 88722
Quadrilla	132816	grise	1916	Lapsus 104417	Jérémie 89570
Quadrilla	132754	gris-r.	1916	Karapath 97283	Jachère 88896

NOM	N°	ROBE	NAISSANCE	PÈRE	MÈRE
Quadrille	128790	noire	1916	Janséniste 86818	Rigolette 43696
Quadrille	129069	grise	1916	Larpent 99117	Galopade 70131
Quadrille	129428	grise	1916	Larpent 99117	Castille 54425
Quadrille	129516	grise	1916	Langnier 100640	Matricité 106960
Quadrille	130804	noire	1916	Lesta 101962	Kocote 93559
Quadrille	131044	grise	1916	Baguet ex-Sapeur 60641	Etoile 63102
Quadrille	131265	gris-r.	1916	Kanevas 90715	Héliotrope 74916
Quadrille	132477	grise	1916	Machiavel 104897	Mouture 108986
Quadrillée	131647	noire	1916	Maudit 106271	Joyeuse 93527
Quadrillette	131953	grise	1916	Mimosa 109651	Fauvette 81789
Quadrillette	132615	gris-foncé	1916	Lapsus 104417	Largesse 104398
Quadrilleuse	132603	noire	1916	Karapath 97283	Kraquette 96704
Quadrillotte	132618	grise	1916	Loto 104424	Lacune 104398
Quadrilobée	132478	noire	1916	Mahomet 111329	Hachette 78251
Quadrina	131638	gris-foncé	1916	Léandre 99625	Loche 102578
Quadrirème	128851	noir-zain	1916	Kroquet 91851	Idiome 81472
Quadrivalve	128853	noire	1916	Kroquet 91851	Sauvons-Nous 53532
Quadruple	130112	grise	1916	Ivan 81244	Latitude 97958
Quadruple	132482	grise	1916	Menteur 111395	Henriette 46355
Quadruplette	132503	grise	1916	Mûrier 110866	Diagonne 54193
Quaducée	129617	grise	1916	Lafayette 100646	Kabelle 90862
Quaducée	131389	gris-foncé	1916	Liguori 103360	Lamproie 103642
Quaducité	131390	gris-vin.	1916	Lyonnais 102760	Karoncule 94869
Quaduque	129614	grise	1916	Lafayette 100646	Serpolette 64831
Quaduque	131388	gris-foncé	1916	Liguori 103360	Gazelle 56238
Quadurcienne	131391	gris foncé	1916	Lyonnais 102760	Kolifichette 92675
Quafaipire	129059	noire	1916	Montretout 106337	Hisabelle 76753
Quafarde	131392	gris-fer	1916	Lyonnais 102760	Navaille 116012
Quafardise	131393	gris-t.-f.	1916	Misanthrope 106210	Coquette 98371
Quaféière	131394	gris-foncé	1916	Luron 97902	Kantate 95597
Quaféine	129619	noire	1916	Képi 91690	Losse 100373
Quaféine	131396	gris-foncé	1916	Lamantin 103615	Gauchette 75202
Quafetière	130064	grise	1916	Josué 88841	Laclaque 99539
Quafetière	131402	gris foncé	1916	Lockray 103425	Coquette 50076
Quafrerie	130643	gris t. f.	1916	Kalot 92507	Ismène 96898
Quage	129622	noire	1916	Mameluck 105511	Jahel 83659
Quage	131403	gris-foncé	1916	Instar 78857	Varsoviana 55875
Quagée	131405	gris-foncé	1916	Lamantin 103615	Karnette 92808
Quagerotte	131408	gris-foncé	1916	Lockray 103425	Karlotte 97675
Quagette	129625	noir-zain	1916	Jasmin 83835	Mélanémie 108207
Quagette	131404	gris-foncé	1916	Douvreur-ex-Couvreur 58335	Trompeuse 68027
Quagnarde	131409	gris-foncé	1916	Lockray 103425	Mozette 109442
Quagne	131413	gris-r.	1916	Instar 78857	Kourtoise 96583
Quagnotte	129626	noire	1916	Marinier 107253	Agricola 66224
Quagnotte	131410	gris-foncé	1916	Kongo 91996	Nobelle 116428

NOM	N°	ROBE	Naissance	PÈRE	MÈRE
Quagote	129630	noire	1916	Kontemporain 91579	Lisette 54563
Quagote	131415	noir zain	1916	Heaume 75604	Jonchée 86056
Quagoule	129636	gris-foncé	1916	Lambeau 101706	Ninette 60541
Quagoule	131416	noire	1916	Lamantin 103615	Kamille 97589
Quahute	129640	gris foncé	1916	Illettré 81310	Gilberte 55185
Quahute	131417	noir-zain	1916	Lamantin 103615	Krête 96029
Quahutte	129385	grise	1916	Menu 105555	Gesta 69736
Quaiche	130052	noire	1916	Labruty 99249	Naguère 111959
Quaiche	132491	noire	1916	Loto 104424	Martingale 104769
Quaïdre	131644	gris-foncé	1916	Moy 105798	Kilta 96122
Quaillasse	129645	noire	1916	Matériel 106248	Bichette 49325
Quaillasse	131418	gris-fer	1916	Lamantin 103615	Hanchette 98395
Quaille	129643	noire	1916	Kontus 93623	Coquette 54553
Quaille	131419	gris-fer	1916	Heaume 75604	Jérès 93481
Quaillebotte	130647	gris-clair	1916	Mylord 107421	Coquette 42082
Quaillebotte	131421	gris-clair	1916	Heaume 75604	Lucerne 103494
Quaillette	129644	noir zain	1916	Kontus 93623	Jauge 85106
Quaillette	130720	noire	1916	Loyal 99953	Juliane 66960
Quaillette	131424	gris-foncé	1916	Lot 100380	Kapote 95624
Quaïnite	128907	bai brun	1916	Laceron 98868	Lista 103170
Quaïnite	132437	grise	1916	Loto 104424	Martinique 104915
Quaissadire	129286	grise	1916	Képi 91690	Lacure 101670
Quaisse	129380	grise	1916	Menu 105555	Nette 111620
Quaisse	129646	bai foncé	1916	Lumineux 100865	Isly 79800
Quaisse	131425	gris-foncé	1916	Lyonnais 102760	Jointive 87258
Quaissette	129649	gris-clair	1916	Kontemporain 91579	Kochinchine 91963
Quaissette	131426	noir-zain	1916	Kongo 91996	Katin 94924
Quaissière	131427	bai-zain	1916	Lockray 103425	Goguette 96884
Quajolerie	131429	gris-fer	1916	Lot 100380	Kokazike 94926
Quajoleuse	131432	gris-fer	1916	Heaume 75604	Médiation 109935
Quakaouette	130975	grise	1916	Laboureur 104443	Hosette 76074
Quakeresse	129263	noire	1916	Kroquet 91851	Glissade 70570
Quakeresse	131104	noire	1916	Huitain 73993	Nagée 115553
Quakre	130122	gris-foncé	1916	Laboureur 104443	Loure 102664
Qualabre	130650	noire	1916	Loyal 99953	Idie 81265
Qualade	129656	gris-foncé	1916	Mameluck 105511	Hure 74240
Qualade	131435	noire	1916	Lyonnais 102760	Margot 109937
Qualaison	131437	gris-foncé	1916	Lyonnais 102760	Lisette 75221
Qualame	131438	grise	1916	Lescapé 99345	Mésologie 110455
Qualamine	129673	grise	1916	Jallieu 86306	Naphtaline 112288
Qualamine	131439	gris-fer	1916	Lyonnais 102760	Koupure 95884
Qualamite	129676	noir-zain	1916	Larpent 99117	Kustine 91644
Qualamite	131440	gris-foncé	1916	Lyonnais 102760	Herbette 74621
Qualamité	131442	gris-fer	1916	Lyonnais 102760	Montre 106607
Qualandre	129674	grise	1916	Jallieu 86306	Juridique 85220

NOM	N°	ROBE	Naissance	PÈRE	MÈRE
Qualandre	131443	gris-fer	1916	Lyonnais 102760	Maiche 107080
Qualaurie	130653	gris-clair	1916	Kontemporain 91579	Lécluse 100537
Qualcédoine	129675	grise	1916	Larpent 99117	Cécile 55231
Qualcédoine	131444	gris-foncé	1916	Lyonnais 102760	Mission 110608
Qualcifiée	131446	gris-foncé	1916	Lyonnais 102760	Lisette 87580
Qualcine	131449	gris-clair	1916	Lyonnais 102760	Koubée 95869
Qualcite	129678	grise	1916	Larpent 99117	Maubèche 108157
Qualcite	131448	grise	1916	Lyonnais 102760	Lambourde 103618
Qualculeuse	131450	noire	1916	Lyonnais 102760	Rose 54073
Qualcutta	130654	grise	1916	Mylord 107421	Montcanière 107748
Quale	129679	baie	1916	Larpent 99117	Jolie 85030
Quale	131456	gris-foncé	1916	Lyonnais 102760	Igualada 82025
Qualebasse	129684	gris-clair	1916	Maquignon 106317	Mominette 106315
Qualebasse	131458	gris-clair	1916	Lyonnais 102760	Galathée 98363
Qualèche	129677	baie	1916	Jallieu 86306	Jarrette 84099
Qualèche	131460	noire	1916	Lyonnais 102760	Déesse 57295
Qualédonie	128932	grise	1916	Lucumon 100857	Judith 84054
Qualédonienne	131462	gris-foncé	1916	Molière 105351	Madelon 110440
Qualée	131457	noire	1916	Lyonnais 102760	Karderie 94849
Qualéfaction	131463	noire	1916	Lyonnais 102760	Langue 104596
Qualende	129685	gris-foncé	1916	Maquignon 106317	Kaliberda 89943
Qualendre	129417	noir zain	1916	Maquignon 106317	Mauvette 106338
Qualendre	131467	gris-foncé	1916	Misanthrope 106210	Lingette 100738
Qualenzana	130657	gris-foncé	1916	Libéral 100349	Lapinière 101744
Qualifiable	130744	gris-fer	1916	Lédon 101823	Jumon 88656
Qualification	131321	gris-foncé	1916	Maudit 106271	Karoline 96486
Qualificatrice	131692	noire	1916	Lamantin 103615	Idole 93362
Qualifiée	129314	gris foncé	1916	Limon 99810	Galatée 70368
Qualifiée	130008	noire	1916	Libouret 99738	Jaffa 86026
Qualifiée	130442	gris-clair	1916	Fier-à-Bras 65250	Kabylie 97639
Qualifiée	131322	noir-m. l.	1916	Moy 105798	Isabelle 93521
Qualifiée	131946	noire	1916	Lecteur 104414	Docile 43369
Qualifiée -	132566	gris-foncé	1916	Barnac 51162	Kiria 96687
Qualifiée	132568	baie	1916	Barnac 51162	Jouvencia 88826
Qualifornie	130658	gris-clair	1916	Libéral 100349	Lapone 101745
Qualigula	130661	grise	1916	Kroquet 91851	Bijou 98164
Quâline	129420	grise	1916	Limon 99810	Mire 106327
Quâline	131469	gris-fer	1916	Ivan 81244	Gothie 70300
Qualine	131630	gris-foncé	1916	Lysias 103553	Guelma 81577
Quâlinerie	129421	noire	1916	Limon 99810	Gudule 71412
Quâlinerie	131471	gris-foncé	1916	Lyonnais 102760	Hauteclaire 61626
Qualinette	129050	noir-zain	1916	Lustre 99965	Labichette 98963
Qualinotade	129423	grise	1916	Limon 99810	Kasearille 97592
Qualinotade	131470	noire	1916	Ivan 81244	Invite 79257
Qualiorne	129422	grise	1916	Limon 99810	Causette 54734

NOM	N°	ROBE	Naissance	PÈRE	MÈRE
Qualiorne	131472	noire	1916	Misanthrope 106210	Rosette 47311
Qualita	130099	noire	1916	Libouret 99738	Magnétite 110140
Qualitas	130057	grise	1916	Laboureur 104443	Ligature 100058
Qualitative	131309	gris-tr.-f.	1916	Lédon 101823	Nécrologie 117711
Qualité	128934	gris-fer	1916	Lanier 101743	Bijou 54024
Qualité	129079	gris-foncé	1916	Jallieu 86306	Joie 85901
Qualité	129986	noir-rub.	1916	Japon 84819	Lanègre 98896
Qualité	131035	noire	1916	Célibat 64968	Métidja 107364
Qualité	131261	alezane	1916	Katgut 92560	Lotie 100812
Qualité	132451	grise	1916	Menteur 111395	Joanne 89219
Qualité	132492	grise	1916	Loto 104424	Tulipe 57118
Qualité	132570	gris-foncé	1916	Isaac 78892	Koboldine 95955
Qualité	132590	noire	1916	Lédon 101823	Musiquette 110894
Qualité	132645	bai-brun	1916	Loto 104424	Glaneuse 73236
Qualixte	130662	noire	1916	Kroquet 91851	Harmonie 74183
Qualle	128813	grise	1916	Montretout 106337	Lisette 50629
Qualle	129424	noire	1916	Larpent 99117	Jacynthe 67065
Qualle	130663	grise	1916	Kroquet 91851	Kommode 93107
Qualle	131474	gris-foncé	1916	Lignori 103360	Mouvette 53643
Qualleuse	131475	noire	1916	Lyonnais 102760	Ivrée 93450
Qualliope	130664	gris-clair	1916	Kroquet 91851	Jubine 61218
Quallirhoé	130665	noir-zain	1916	Lods 100359	Lisette 61337
Quallisto	130667	noire	1916	Kroquet 91851	Lévrie 101700
Quallosité	131476	gris-fer	1916	Lockray 103425	Kaline 95585
Qualmande	131478	noire	1916	Kidney 96741	Rapide 49864
Qualmante	131479	gris-foncé	1916	Loi 100380	Rosette 64577
Qualme	131481	gris-foncé	1916	Lockray 103425	Melbourne 51421
Qualmia	129542	grise	1916	Lapereau 100259	Hynidie 77171
Qualmie	130131	noire	1916	Lilas 99350	Brillante 59487
Qualmie	132438	noir-zain	1916	Menteur 111395	Magicienne 110851
Qualomnie	129431	noire	1916	Lumineux 100865	Lèche 99673
Qualomnie	131483	gris-foncé	1916	Mordicant 110698	Morélia 109739
Qualonne	130668	noire	1916	Lapereau 100259	Rose 61244
Qualorie	129434	grise	1916	Lucannon 100857	Lauche 99284
Qualorie	131484	noire	1916	Ivan 81244	Brillante 58092
Qualotte	129433	g.-c.-d-m.	1916	Languier 100640	Muscadine 111441
Qualotte	131486	noire	1916	Misanthrope 106210	Nicolaï 113461
Qualoyère	131488	gris-foncé	1916	Misanthrope 106210	Martiale 109829
Qualpurnia	130670	gris-clair	1916	Kontemporain 91579	Poule 49626
Qualque	131489	gris-foncé	1916	Mordicant 110698	Genève 71404
Qualtagirone	130671	gris-tr.-f.	1916	Kontemporain 91579	Lacinée 101663
Qualtanisetta	130672	bai-tr.-f.	1916	Kontemporain 91579	Mouchetière 107761
Qualville	129436	grise	1916	Marinier 107253	Musique 58378
Qualville	131490	gris-foncé	1916	Lescapé 99345	Martienne 109830
Qualvine	130673	gris-foncé	1916	Kontemporain 91579	Magicienne 107134

NOM	N°	ROBE	Naissance	PÈRE	MÈRE
Qualvitie	129437	noire	1916	Marinier 107253	Marmitte 108053
Qualvitie	131491	gris-fer	1916	Liguori 103360	Exe 57095
Qualy	129338	gris-foncé	1916	Japon 84819	Coquette 66618
Qualydone	130674	gris-foncé	1916	Kalot 92507	Gravette 66573
Quamala	129343	grise	1916	Lapereau 100239	Lusiade 98827
Quamala	132439	grise	1916	Mahomet 111329	Mantelure 110272
Quamaldule	131499	noire	1916	Misanthrope 106210	Conchita 67918
Quamaldune	130675	noire	1916	Lacuneux 100158	Julie 59434
Quamaraderie	130676	gris-foncé	1916	Guignolet 70023	Instruite 79753
Quamarde	129439	bai-brun	1916	Lieuvin 103348	Katherine 90385
Quamarde	131493	noire	1916	Misanthrope 106210	Hampe 75362
Quamargue	130678	noir-zain	1916	Lacuneux 100158	Métayère 57745
Quamarguo	130679	noire	1916	Kalot 92507	Intransigeante 80134
Quamarilla	129440	noire	1916	Lieuvin 103348	Io 80782
Quamarilla	131504	gris-foncé	1916	Lagor 100512	Marouette 109820
Quambaye	130680	noir-zain	1916	Kalot 92507	Edwige 60267
Quambrée	129442	baie	1916	Jasmin 83835	Jolivette 84852
Quambrée	131506	noire	1916	Kongo 91996	Musette 106710
Quambrienne	129443	noire	1916	Jasmin 83835	Miliana 107379
Quambrure	129444	grise	1916	Jasmin 83835	Kopale 90355
Quambuse	129447	noir zain	1916	Matériel 106248	Justine 98132
Quambuse	131509	bai-foncé	1916	Lyonnais 102760	Lactéine 102545
Quame	129448	noire	1916	Lentigo 99397	Lanoue 100885
Quame	131510	gris-foncé	1916	Lyonnais 102760	Grammaire 71707
Quamée	131511	noire	1916	Lockray 103425	Gourgade 70456
Quameline	129455	noire	1916	Lieuvin 103348	Gargouille 66861
Quameline	131513	noire	1916	Lyonnais 102760	Nièce 115767
Quamellia	131512	gris-foncé	1916	Lyonnais 102760	Harlotte 90052
Quamelote	131514	noire	1916	Lockray 103425	Joviale 88308
Quamérière	131515	gris-foncé	1916	Lescapé 99345	Lanière 103669
Quamerino	130682	noire	1916	Kalot 92507	Hachette 73975
Quamériste	129456	grise	1916	Lumineux 100865	Mérelli 68603
Quamériste	131522	gris-foncé	1916	Kongo 91996	Kalamite 95488
Quamerlingue	131519	gris-foncé	1916	Lagor 100512	Migraine 110532
Quameroum	129279	noire	1916	Fier-à-Bras 65250	Lara 100898
Quamette	129963	noire	1916	Josué 88841	Moulapipe 105882
Quamichy	129243	grise	1916	Japon 84819	Lorgnette 100372
Quamille	130683	grise	1916	Kontemporain 91579	Gisèle 63542
Quamisarde	130684	grise	1916	Libéral 100349	Lisette 48162
Quamisole	131520	noire	1916	Kongo 91996	Jouvencelle 88310
Quamomille	131524	gris-clair	1916	Lyonnais 102760	Hermine 75516
Quamorra	131525	noir-zain	1916	Iran 81149	Kigolette 97672
Quamoufle	128829	grise	1916	Morlaix 105709	Corneille 67180
Quampagne	130687	grise	1916	Libéral 100349	Jacinthe 83990
Quampagne	131527	noire	1916	Lot 100380	Harmante 98391

NOM	N°	ROBE	Naissance	PÈRE	MÈRE
Quampanie	130688	noire	1916	Guignolet 70023	Henriette 81721
Quampanule	131532	noire	1916	Kongo 91996	Thérésa 45954
Quampêche	130690	noire	1916	Loiret 99645	Greloteuse 71164
Quampée	131533	noire	1916	Kongo 91996	Krevette 96034
Quampine	130691	gris-clair	1916	Korallien 91611	Koupole 91344
Quamuse	129470	grise	1916	Morlaix 105709	Kavalière 91215
Quamuse	131534	gris-fer	1916	Lupin 104482	Méduse 106506
Quana	130693	noire	1916	Loiret 99645	Koque 93640
Quanadienne	130695	grise	1916	Karolus 93008	Halle 78109
Quanaille	129718	noire	1916	Képi 91690	Lapine 100911
Quanaille	131536	gris-clair	1916	Lupin 104482	Herbette 77321
Quanamelle	131537	noire	1916	Lupin 104482	Kamel 91750
Quanardière	131541	noire	1916	Quinquina 68945	Jaqueline 98439
Quanarie	130696	gris-clair	1916	Karolus 93008	Kubique 91876
Quancale	129721	baie	1916	Lucumon 100857	Ravaude 58226
Quancale	131546	gris-fer	1916	Misanthrope 106210	Largesse 97973
Quanche	129722	baie	1916	Képi 91690	Hérome 74804
Quanche	130700	gris-foncé	1916	Korallien 91611	Meunerie 106752
Quanche	131548	bai-zain	1916	Ivan 81244	Mimosa 110552
Quanda	131639	grise	1916	Importun 80576	Mantille 111007
Quandace	130702	noire	1916	Karolus 93008	Florence 57750
Quandale	131758	noire	1916	Meunier 108821	Justice 98312
Quandamine	131233	gris-foncé	1916	Lamantin 103615	Minerva 111330
Quandeille	130704	grise	1916	Loiret 99645	Kodette 92640
Quandeur	131549	noire	1916	Lion 100756	Kazbek 89773
Quandide	129724	grise	1916	Illettré 81310	Souveraine 47933
Quandide	130705	grise	1916	Loiret 99645	Kalonne 93876
Quandide	131550	noire	1916	Quinquina 68945	Mérendère 110432
Quandie	130001	noire	1916	Mirliton 105710	Gombette 70965
Quandie	130709	noire	1916	Guignolet 70023	Nacrée 114055
Quandie	131076	grise	1916	Lizard 103414	Navigante 113644
Quandiote	129725	noire	1916	Képi 91690	Induite 80435
Quandiote	131552	noir-zain	1916	Lion 100756	Erigne 61668
Quandjeteledis	130919	noire	1916	Mathematicien 106251	Eglé 56983
Quand-Même	130002	noire	1916	Mirliton 105710	Janville 85970
Quane	129726	grise	1916	Képi 91690	Korbeille 91610
Quane	131554	gris-foncé	1916	Lion 100756	Morue 106648
Quanée	130710	gris-clair	1916	Karolus 93008	Kalendre 92487
Quanéphore	131555	noire	1916	Lion 100756	Juliette 88141
Quanette	129519	gris-foncé	1916	Kroquet 91851	Herpe 78061
Quanette	131556	noire	1916	Lion 100756	Charmante 84258
Quange	131559	noire	1916	Ivan 81244	Levrette 104154
Quanichette	130744	noire	1916	Josné 88841	Linette 78498
Quanijatte	129029	noire	1916	Menu 105555	Historique 74472
Quanillée	130256	grise	1916	Logis 99269	Ketmie 90619

NOM	N°	ROBE	Naissance	PÈRE	MÈRE
Quanine	131564	noir zain	1916	Quinquina 68945	Mèche 109923
Quanitie	131565	noire	1916	Quinquina 68945	Meringue 105904
Quannaie	131567	noire	1916	Lagor 100512	Impétueuse 79370
Quanne	131568	noire	1916	Lagor 100512	Lusace 103513
Quannebière	130711	noir zain	1916	Lods 100359	Plaisante 62034
Quannée	131569	noire	1916	Quinquina 68945	Moquette 106618
Quannelée	131570	noire	1916	Misanthrope 106210	Gringalette 98472
Quannelle	129741	noir zain	1916	Fier-à-Bras 65250	Bénédite 61718
Quannelle	131571	gris-foncé	1916	Misanthrope 106210	Marianne 106615
Quannetille	131573	gris foncé	1916	Iran 81119	Monture 110675
Quanoniale	131155	gris-foncé	1916	Lycaon 103544	Isa 98403
Quanonnade	131156	noire	1916	Lycaon 103544	Hélice 93445
Quanonnière	131157	gris-foncé	1916	Lysias 103555	Fontelaie 93518
Quanope	131158	gris foncé	1916	Lysias 103555	Lerthe 104175
Quanourgue	130712	grise	1916	Juvénal 83553	Fachette 64399
Quanta	130235	grise	1916	Lasso 103951	Litanies 97930
Quantate	129688	noire	1916	Lion 100756	Polka 90083
Quantate	131159	noir-zain	1916	Lycaon 103544	Libelle 104177
Quantatrice	129694	gris tr. cl.	1916	Képi 91690	Coquette 54380
Quantatrice	131161	gris-fer	1916	Lycaon 103544	Gravette 70453
Quante	129528	grise	1916	Kanevas 90715	Kravache 93228
Quantès	129984	noire	1916	Mirliton 105710	Jalousie 85308
Quantharide	131162	noire	1916	Lycaon 103544	Korbeille 95017
Quantième	128936	gris-bleu	1916	Lanier 101743	Kasavil 91840
Quantième	132493	noir-zain	1916	Mahomet 111329	Iton 82653
Quantienne	129534	noire	1916	Lilas 99350	Olympe 58149
Quantienne	132440	grise	1916	Menteur 111395	Gentille 50071
Quantine	129696	gris clair	1916	Képi 91690	Opérette 58579
Quantine	130222	noir-zain	1916	Japon 84819	Gigogne 69871
Quantine	130433	noir-zain	1916	Morlaix 105709	Moutarde 107012
Quantine	131150	noire	1916	Lamarck 100517	Krichna 95334
Quantine	131166	noire	1916	Lycaon 103544	Face 67704
Quantinière	131167	noire	1916	Lycaon 103544	Liane 104170
Quantité	129080	gris-foncé	1916	Jallieu 86306	Colonne 58584
Quantité	130232	gris-foncé	1916	Lescapé 99345	Inutile 79420
Quantité	131036	gris-foncé	1916	Lamantin 103615	Coquette 75008
Quantité	131311	noire	1916	Klocher 95657	Imminence 82551
Quantité	131939	gris-foncé	1916	Loto 104424	Majunga 104790
Quantité	132494	noire	1916	Mahomet 111329	Karolina 96832
Quantité	132587	grise	1916	Lagor 100512	Gelinotte 72726
Quanule	129697	grise	1916	Jasmin 83835	Javelée 83785
Quanule	131169	noire	1916	Lycaon 103544	Bijou 98370
Quanuse	129699	noire	1916	Kroquet 91851	Javotte 86202
Quanusa	131170	gris-foncé	1916	Lycaon 103544	Lisa 104190
Quanzone	129700	grise	1916	Moineau 106576	Degourdie 68846

NOM	N°	ROBE	Naissance	PÈRE	MÈRE
Quanzonette	131172	gris-fer	1916	Lycaon 103544	Kania 51938
Quaoline	129536	grise	1916	Lilas 99350	Lauréole 100027
Quape	129701	noire	1916	Kroquet 91851	Katalogne 91952
Quape	131173	noire	1916	Lysias 103555	Ive 82142
Quapeline	131176	gris-foncé	1916	Lyonnais 102760	Hoguette 98394
Quapelle	130754	gris-clair	1916	Juvénal 83553	Josselme 98171
Quapelle	131135	gris-fer-f.	1916	Karrich 92710	Ithaque 80254
Quapeluche	130755	noire	1916	Lods 100359	Aggée 66178
Quapétienne	131177	gris-clair	1916	Lyonnais 102760	Maille 107142
Quapilotade	131178	gris-tr.-f.	1916	Kourly 92764	Jolie 88276
Quapitale	129711	bai-brun	1916	Minuit 107582	Hillarante 98608
Quapitale	131179	gris-foncé	1916	Kourly 92764	Lamie 102555
Quapitanate	130767	gris - clair	1916	Languier 100640	Noce 112021
Quapitane	129712	gris - clair	1916	Lockray 103428	Castille II 54293
Quapitane	131180	gris-foncé	1916	Lagor 100512	Coquette 75011
Quapitée	131183	gris-fer	1916	Lysias 103555	Musette 107177
Quapiteuse	131186	gris-foncé	1916	Lycaon 103544	Janzéenne 88849
Quapitoline	129748	grise	1916	Lafayette 100646	Madelon 47090
Quapitoline	131187	noire	1916	Lycaon 103544	Turbulente 57045
Quapitule	129754	noire	1916	Lansquenet 99293	Mélinite 106548
Quaponne	129756	noire	1916	Matériel 106248	Longuette 101074
Quaponne	131190	alezane	1916	Lysias 103555	Béatrice 93422
Quapote	129758	grise	1916	Lafayette 100646	Insigne 54655
Quapote	130130	grise	1916	Lasso 103951	Kanette 92341
Quapote	131191	gris-fer	1916	Lysias 103555	Ida 87604
Quapotte	129063	grise	1916	Japon 84819	Jarre 85779
Quapoue	130757	gris-clair	1916	Languier 100640	Jefferson 84591
Quâpre	129759	grise	1916	Lafayette 100646	Hélépole 73618
Quâpre	131192	gris-foncé	1916	Lysias 103555	Jantille 98428
Quaprice	131193	noire	1916	Lycaon 103544	Marinette 110653
Quâprière	129760	noire	1916	Matériel 106248	Gila 87714
Quâprière	131194	gris-foncé	1916	Lycaon 103544	Jolie 98319
Quaprine	129764	noire	1916	Mastoquin 108129	Komplète 93121
Quaprine	131195	gris-fer	1916	Lycaon 103544	Kordelière 95026
Quapsine	129768	noire	1916	Lescapé 99345	Giboulée 70930
Quapsule	129765	noir-zain	1916	Lansquenet 99293	Karmen 93197
Quapsule	131201	gris - clair	1916	Molière 105361	Légende 104083
Quaptieuse	129482	noire	1916	Matériel 106248	Néographie 113877
Quaptieuse	131202	gris-foncé	1916	Instar 78857	Galipette 70467
Quaptive	129483	grise	1916	Matériel 106248	Kraquette 90485
Quaptive	130055	noire	1916	Josué 88841	Kermorah 95350
Quaptive	130760	gris foncé	1916	Languier 100640	Kahotage 90524
Quaptive	131203	noire	1916	Kourlis 95894	Kantienne 97669
Quapture	131204	noire	1916	Lysias 103555	Juliette 88735
Quapuche	129490	grise	1916	Lucumon 100857	Mangousté 105027

NOM	N°	ROBE	NAISSANCE	PÈRE	MÈRE
Quapuche	131206	noire	1916	Lysias 103555	Méfiance 109948
Quapucine	129492	grise	1916	Languier 100640	Jubine 50404
Quapucine	131207	gris-fer	1916	Loris 100577	Lagaronne 103542
Quapucine	131496	gris-fer	1916	Misanthrope 106210	Kascarille 94886
Quaque	129493	gris-foncé	1916	Lucumon 100857	Jandille 84984
Quaque	131210	noire	1916	Kourly 92764	Hellène 77880
Quaqueuse	129494	noire	1916	Matériel 106248	Coquetta 65642
Quaqueuse	131212	noire	1916	Lysias 103555	Lure 103552
Quarabine	129499	noire	1916	Matériel 106248	Florette 53905
Quarabine	131213	gris-foncé	1916	Lysias 103555	Koriandre 95038
Quarabosse	130761	gris-clair	1916	Languier 100640	Identité 80938
Quaracole	129500	grise	1916	Matériel 106248	Jaspure 85001
Quaracole	131216	gris-foncé	1916	Instar 78857	Housserie 75794
Quarafe	129502	gris-foncé	1916	Lafayette 100645	Komtoise 93128
Quarafe	131220	gris-fer	1916	Léandre 99625	Jugulaire 88730
Quaranta	129296	grise	1916	Fier-à-Bras 65250	Mimosée 106785
Quarantaine	128938	gris-foncé	1916	Lichas 98731	Biche 57478
Quarantaine	129265	noire	1916	Lescapé 99345	Jacée 88161
Quarantaine	130006	gris-foncé	1916	Laboureur 104443	Paquerette 98605
Quarantaine	131037	gris-fer	1916	Lamantin 103615	Mesure 110466
Quarantaine	131106	noir-m.-t.	1916	Huitain 73993	Kanne 95278
Quarantaine	131688	gris v.-f.	1916	Klecher 103615	Négligente 117762
Quarantaine	132495	grise	1916	Menteur 111395	Soumise 50326
Quarantaine	132553	noire	1916	Loto 104424	Matellotte 111123
Quarantaine	132640	noir-zain	1916	Lapsus 104417	Lingère 104415
Quarante	130011	grise	1916	Laboureur 104443	Chopine 64017
Quarante	131757	noire	1916	Monnier 108821	Héphéméride 77705
Quarante	132572	grise	1916	Michel 105189	Ligue 104425
Quarante	132630	gris-r.	1916	Lion 104492	Joséphe 87460
Quarapace	129506	grise	1916	Languier 100640	Rosette 75230
Quaravane	129514	grise	1916	Languier 100640	Margot 53648
Quaravane	130762	gris-foncé	1916	Languier 100640	Lointaine 61924
Quaravane	131222	noire	1916	Léandre 99625	Monogamie 110658
Quaravelle	129772	grise	1916	Loiret 99645	Langue 100636
Quaravelle	131229	noire	1916	Idomen 83507	Lèpre 104119
Quarbonne	130763	grise	1916	Languier 100640	Lambruche 100605
Quarcasse	129773	grise	1916	Loiret 99645	Gabrielle 70473
Quarcasse	131231	gris-foncé	1916	Lamantin 103615	Garmante 93441
Quarcassonne	129281	grise	1916	Fier-à-Bras 65250	Moqueuse 106906
Quarde	129774	grise	1916	Korallien 91611	Kréance 91402
Quarde	131234	noire	1916	Lamantin 103615	Marnière 110358
Quardée	129775	noire	1916	Loiret 99645	Kalice 90635
Quardée	131235	gris-foncé	1916	Lamantin 103615	Bichette 75214
Quardère	129777	grise	1916	Loiret 99645	Kochère 92620
Quarderie	129780	grise	1916	Guignolet 70023	Kalamine 90547

NOM	N°	ROBE	Naissance	PÈRE	MÈRE
Quarderonne	131695	noire	1916	Ichneumon 80679	Lécanore 104070
Quardeuse	129781	grise	1916	Loiret 99645	Jonchères 85526
Quardia	129999	noire	1916	Mirliton 105710	Magendie 105927
Quardialgie	131239	noire	1916	Lamantin 103615	Joyeuse 86926
Quardite	129786	grise	1916	Lanturlu 98687	Gaulette 69644
Quardite	131240	gris-foncé	1916	Lamantin 103615	Kamala 95357
Quarélie	130764	gris-clair	1916	Languier 100640	Nivéole 112019
Quarême	130208	gris-foncé	1916	Libouret 99738	Kandjam 95062
Quarence	129787	noire	1916	Lesta 101962	Kohérence 92629
Quarence	131245	noire	1916	Lamantin 103615	Kéroualine 96177
Quarène	129792	grise	1916	Matériel 106248	Bijou 65037
Quarène	131246	noire	1916	Lamantin 103615	Jérémiade 88693
Quaresse	129779	baie	1916	Lougre 100470	Lagrange 100944
Quaresse	131247	gris-foncé	1916	Héaume 75604	Jubile 88079
Quargue	131248	gris-foncé	1916	Lamantin 103615	Galante 64502
Quarie	129744	grise	1916	Guignolet 70023	Kif-Kif 92999
Quarie	130768	grise	1916	Kroquet 91851	Hésione 75571
Quarie	131249	noire	1916	Lamantin 103615	Finette 84539
Quarienne	131255	noir-m.-t.	1916	Lamantin 103615	Jacqueline 85376
Quarinthie	130773	gris-foncé	1916	Lapereau 100259	Miellée 109382
Quaristie	130774	grise	1916	Jean-qui-rit 88772	Korinthe 92011
Quarkasse	130213	gris-foncé	1916	Josué 88841	Gribiche 71062
Quarlière	130856	grise	1916	Iowa 80989	Lionne 98766
Quarlingue	129476	grise	1916	Kalot 92507	Kortone 92023
Quarliste	130775	gris-clair	1916	Lalo 100197	Hochette 74936
Quarmeline	129475	gris-foncé	1916	Kalot 92507	Rosette 61313
Quarmélite	129478	noire	1916	Laceron 98868	Isabeau 82319
Quarmélite	131259	gris-clair	1916	Lutécien 102720	Navacelle 116530
Quarmen	130713	gris-foncé	1916	Mameluck 105311	Bativa 61622
Quarmona	130726	noir-m. t.	1916	Lagor 100512	Jacquerie 98427
Quarnette	128801	grise	1916	Japon 84819	Note 113402
Quarniole	130729	noire	1916	Mordicant 110698	Monnaie 108285
Quarogne	131262	gris-bleu	1916	Lafayette 100646	Luzerne 47836
Quaroline	128951	gris-foncé	1916	Lagor 100512	Néva 112459
Quaroline	130725	grise	1916	Lagor 100512	Kystique 92953
Quaroline	131451	noire	1916	Lyonnais 102760	Caroline 63345
Quaronade	131264	gris-vin.	1916	Katgut 92560	Mascotte 108097
Quaroncule	131575	noire	1916	Lion 100756	Kadija 95466
Quarotide	131576	gris-foncé	1916	Lagan 101678	Gigolette 74979
Quarotte	128950	gris-foncé	1916	Lagor 100512	Latitude 98683
Quarotte	129532	grise	1916	Languier 100640	Thurine 54610
Quarotte	131578	noire	1916	Lagan 101678	Jumenterie 88349
Quaroube	131579	noire	1916	Huitain 73993	Kiakhta 89763
Quarouble	128968	gris-clair	1916	Kroquet 91851	Griffe 71488
Quarouble	131012	gris-noir	1916	Célibat 64968	Hoirie 77193

NOM	N°	ROBE	NAISSANCE	PÈRE	MÈRE
Quarouge	130728	grise	1916	Lagor 100512	Kita 95099
Quarpathe	130734	noire	1916	Guignolet 70023	Hermine 77172
Quarpe	129767	noire	1916	Incident 80133	Biche 93306
Quarpe	131580	noire	1916	Huitain 73993	Charmante 61402
Quarpelle	131582	gris-foncé	1916	Huitain 73993	Gosse 75208
Quarpentarie	130736	noire	1916	Lapereau 100259	Kassette 93041
Quarpette	129349	grise	1916	Japon 84819	Harpette 74355
Quarpette	130243	noire	1916	Laberty 99249	Magenta 105965
Quarpette	131585	gris-foncé	1916	Lagan 101678	Ligne 68284
Quarpienne	131583	gris-clair	1916	Huitain 73993	Elisa 98449
Quarra	130738	noire	1916	Jouillat 88642	Paquerette 57510
Quarrache	130776	noire	1916	Iowa 80989	Idka 97107
Quarrare	132756	noire	1916	Iowa 80989	Kontadine 93601
Quarre	130278	grise	1916	Ivan 81244	Inclore 82050
Quarrée	128890	noire	1916	Lanier 101743	Mouvette 56482
Quarrée	129793	noire	1916	Lapereau 100259	Masse 108322
Quarrée	131587	gris-foncé	1916	Liguori 103360	Médiante 109953
Quarrée	132500	noire	1916	Loto 104424	Moyenne 110824
Quarrière	129798	noir-zain	1916	Loiret 99645	Lignerolle 99806
Quarrière	131588	noire	1916	Liguori 103360	Louisette 56235
Quarriole	129801	noire	1916	Larpent 99117	Ilda 78565
Quarriole	131589	gris-foncé	1916	Misanthrope 106210	Jussion 88375
Quarrouge	130781	noire	1916	Iowa 80989	Laryngite 99594
Quarrure	129805	noire	1916	Fier à Bras 65250	Kétanose 90311
Quarrure	131591	gris-foncé	1916	Misanthrope 106210	Ida 79111
Quartation	131689	gris-clair	1916	Klocher 95657	Poule 54335
Quarte	128954	gris-foncé	1916	Logis 99269	Nécropole 111994
Quarte	129377	gris-foncé	1916	Menu 105555	Corisonne 55471
Quarte	129807	grise	1916	Lucumon 100857	Io 80762
Quarte	130275	noire	1916	Liguori 103360	Kama 89729
Quarte	131330	gris-foncé	1916	Klocher 95657	Lady 104305
Quarte	131593	gris-foncé	1916	Lapin 104482	Mauvaise 109904
Quarte .	132498	grise	1916	Languedoc 104423	Jonchée 89144
Quartefine	132613	bai-brun	1916	Lapsus 104417	Kardinette 96726
Quartelette	129315	grise	1916	Limon 99810	Karenne 92709
Quartelette	131278	noire	1916	Mareuil 53313	Gigogne 73410
Quartelette	131708	gris-clair	1916	Klocher 95657	Montée 110670
Quartelette	132499	noire	1916	Marbœuf 104799	Isère 82694
Quartelette	132702	grise	1916	Lion 101492	Madura 110924
Quartelette	132735	noir-zain	1916	Lapsus 104417	Ida 82667
Quarteline	132623	gris-foncé	1916	Lapsus 104417	Mirabelle 104797
Quarteline	132658	bai brun	1916	Kourlis 95894	Lucillia 104623
Quartenière	131331	noir-m.-t.	1916	Idomen 83307	Intrigue 93520
Quarterly	129267	gris-bleu	1916	Lescapé 99345	Nozière 116722
Quarteronne	129407	grise	1916	Jallieu 86306	Lisette 50783

NOM	N°	ROBE	Naissance	PÈRE	MÈRE
Quarteronne	131333	gris-clair	1916	Léandre 99625	Magnésie 111104
Quarteronne	132367	grise	1916	Loto 104424	Loge 103911
Quarteronne	132614	grise	1916	Menteur 111395	Mutille 110911
Quarteronne	132693	grise	1916	Mimosa 109651	Farandole 98261
Quartésienne	131597	gris-fer	1916	Lupin 104482	Lisette 53585
Quarthage	130786	noire	1916	Iowa 80989	Ligue 98752
Quarthamine	129808	noir-zain	1916	Larpent 99117	Simagrée 63906
Quarthamine	131594	gris-foncé	1916	Lupin 104482	Lablache 100486
Quartida	131693	grise	1916	Lamantin 103615	Lampisterie 103638
Quartidi	129258	gris-f.-v.	1916	Laboureur 104443	Houchi 76069
Quartière	132626	grise	1916	Lion 101492	Journalière 87540
Quartière	132695	gris-foncé	1916	Lazarre 104493	Paquerette 55982
Quartine	132578	gris-foncé	1916	Kaduc 95523	Jouvencelle 88898
Quartine	132641	gris-foncé	1916	Lion 101492	Loque 104462
Quartisane	129809	gris-foncé	1916	Larpent 99117	Flora 90231
Quartisane	131596	noire	1916	Lupin 104482	Kotzebue 89811
Quartonnerie	131599	noire	1916	Lupin 104482	Isle 82132
Quartota	132631	noir m.-f.	1916	Lapsus 104417	Jalouse 88917
Quartouche	129330	gris foncé	1916	Japon 84819	Danseuse 63235
Quartouche	129811	grise	1916	Lucumon 100857	Kasseuse 91029
Quartouche	130788	noire	1916	Lesta 101962	Jolie 86595
Quartouche	131603	gris-fer	1916	Lescapé 99345	Inclusion 81961
Quartraine	132736	gris-foncé	1916	Lazarre 104493	Kita 96781
Quartzeuse	132507	grise	1916	Machiavel 104897	Jugulaire 89184
Quarville	131632	gris-clair	1916	Lucumon 100857	Jeliotte 98157
Quarvine	130790	grise	1916	Kontemporain 91579	Minoterie 106802
Quasale	130791	noire	1916	Kontemporain 91579	Mérendère 107762
Quasanière	129812	noire	1916	Loiret 99645	Intrigante 78653
Quasanière	131604	gris-fer	1916	Misanthrope 106210	Jensagnière 88572
Quasaque	131606	gris-foncé	1916	Kagot 92240	Jacobée 88169
Quasbah	131608	noire	1916	Misanthrope 106210	Brillante 56291
Quascade	129822	grise	1916	Koucou 91328	Laurière 100935
Quascade	131611	noire	1916	Huitain 73993	Alia 51545
Quascarille	129825	noire	1916	Jasmin 83835	Castille 61288
Quascarille	131612	gris-foncé	1916	Larix 97978	Labusse 103700
Quascatelle	129827	grise	1916	Gazier 69350	Monquère 68500
Quascatelle	131613	gris-foncé	1916	Larix 97978	Emmeline 61593
Quase	128786	grise	1916	Iowa 80989	Halte 73630
Quase	131614	noire	1916	Ivan 81244	Morbidité 110693
Quaséeuse	131616	gris-foncé	1916	Kagot 92240	Imola 93454
Quaséine	131618	noire	1916	Lion 100756	Marseillaise 108375
Quasemate	129828	grise	1916	Mameluck 105511	Kasquette 91026
Quasemate	131619	noire	1916	Lion 100756	Mélodieuse 108378
Quasenave	130795	gris-vin.	1916	Fier-à-Bras 65250	Kontroverse 91251
Quaserna	131620	gris-foncé	1916	Incident 80133	Isolée 79141

NOM	N°	ROBE	Naissance	PÈRE	MÈRE
Quasernière	131617	noire	1916	Liguori 103360	Karotte 94873
Quaserte	130796	grise	1916	Korallien 91611	Galante 72632
Quasiment	128796	gris t.-f.	1916	Mirliton 105710	Kadmee 96417
Quasimodo	132514	grise	1916	Limaçon 103785	Diane 59833
Quasinette	129400	noire	1916	Larpent 99117	Laroustière 100852
Quaspienne	130797	noire	1916	Korallien 91611	Pélagie 57705
Quasquée	129834	grise	1916	Lapsus 99303	Lisse 100309
Quasquée	131623	noire	1916	Juste 85878	Galère 93320
Quasquette	129835	grise	1916	Lapsus 99303	Midouze 105194
Quasquette	131626	gris-clair	1916	Lagor 100512	Rustique 50571
Quassagne	130800	noire	1916	Iowa 80989	Luciole 100403
Quassante	129837	gris-foncé	1916	Lapsus 99303	Inscrite 80413
Quassante	131627	gris-foncé	1916	Lockray 103425	Blidah 48211
Quassation	129838	noir-zain	1916	Lapsus 99303	Koncave 91100
Quassave	129840	grise	1916	Lapsus 99303	Cocotte 50489
Quassave	132744	gris-vin.	1916	Lagor 100512	Charmante 43746
Quasse	129411	gris-clair	1916	Limon 99810	Rizette 51172
Quasse	129846	gris-foncé	1916	Marinier 107253	Marque 108072
Quasse	130219	noire	1916	Josué 88841	Kygnolle 92258
Quasserole	131719	noir-m.-t.	1916	Instar 78857	Neisse 117184
Quassette	129036	bai chât.	1916	Menu 105555	Symétrie 60147
Quassette	129849	noire	1916	Mameluck 105511	Intelligent 78675
Quassette	131720	grise	1916	Loris 100377	Julia 84620
Quasseuse	129851	gris-foncé	1916	Lieuvin 103348	Louison 101262
Quassia	132624	grise	1916	Loto 104424	Manille 104800
Quassia	132637	bai-brun	1916	Lazarre 104493	Bertine 56085
Quassie	130067	gris-foncé	1916	Mirliton 105710	Kabylie 89920
Quassière	134678	grise	1916	Moy 105798	Jarretière 88885
Quassiette	129633	noir-zain	1916	Jallieu 86306	Koraline 91609
Quassine	129304	grise	1916	Képi 91690	Longue 101263
Quassine	129852	noire	1916	Lieuvin 103348	Intensive 78667
Quassine	130952	noire	1916	Minuit 107582	Mordelle 109747
Quassine	131149	noire	1916	Komitat 91759	Martinique 108463
Quassine	131721	grise	1916	Instar 78857	Moustache 57519
Quassiopée	130803	noire	1916	Iowa 80989	Herbue 76841
Quassolette	129853	gris-foncé	1916	Lapsus 99303	Ida 67014
Quassolette	131723	baie	1916	Mercy 105783	Isis 83044
Quassonade	129855	noire	1916	Mameluck 105511	Juive 83818
Quassonade	134724	grise	1916	Loris 100377	Mérope 109731
Quassure	129859	noir-zain	1916	Mameluck 105511	Limonière 101052
Quassure	134726	grise	1916	Douvreur-ex-Couvreur 50335	Lisette 50653
Quastagnette	129861	grise	1916	Lucumon 100857	Loque 101081
Quastalie	130805	noire	1916	Iowa 80989	Gigolette 70584
Quaste	129860	noire	1916	Mameluck 105511	Législature 100706
Quaste	131731	gris-foncé	1916	Instar 78857	Limure 101482

NOM	N°	ROBE	Naissance	PÈRE	MÈRE
Quastiglione	130810	grise	1916	Kroquet 91851	Horde 78049
Quastilla	130019	gris-vin.	1916	Japon 84819	Castille 54560
Quastillane	129863	grise	1916	Mameluck 105511	Jéclisse 84866
Quastilla	129086	noire	1916	Loiret 99645	Luciole 99790
Quastille	129862	grise	1916	Lapsus 99303	Ribie 59604
Quastille	130809	grise	1916	Kroquet 91851	Krionse 95178
Quastine	129864	grise	1916	Lapsus 99303	Jonglerie 84894
Quastine	131732	grise	1916	Mercy 105783	Maltaise 110189
Quastorine	129865	noire	1916	Koucou 91328	Hulotte 74234
Quastrie	130811	grise	1916	Karolus 93008	Modulation 106866
Quasualité	129866	grise	1916	Longre 100470	Joppe 85048
Quasuelle	131734	grise	1916	Célibat 64968	Kléopâtre 96530
Quatadoupe	129869	gris-foncé	1916	Mameluck 105511	Jaunière 83783
Quatalane	129870	grise	1916	Mameluck 105511	Gripette 70223
Quatalane	131735	grise	1916	Luron 97902	Lamartinière 10111[illegible]
Quatalani	130812	alezane	1916	Karolus 93008	Humanité 73943
Quatalogne	130816	gris-clair	1916	Lesta 101962	Lacave 98754
Quatalyse	129874	noir-zain	1916	Mameluck 105511	Légumine 99391
Quatalyse	131740	gris-r.	1916	Douvreur-ex-Couvreur 50335	Nivéale 116962
Quatane	130817	grise	1916	Kroquet 91851	Coquette 98135
Quatapulte	131741	grise	1916	Instar 78857	Brillante 68205
Quatégorie	131742	gris-foncé	1916	Douvreur-ex-Couvreur 50335	Impasse 96886
Quaterina	129148	grise	1916	Kontemporain 91579	Crête 92488
Quaterna	131315	gris-foncé	1916	Lamantin 103615	Kostamonri 96136
Quaterne	128817	noire	1916	Mirliton 105710	Castille 75241
Quaterne	129009	noire	1916	Fier-à-Bras 65250	Rosette 59214
Quaternée	132517	noir-zain	1916	Limaçon 103785	Miroitée 108251
Quaternité	132519	noire	1916	Limaçon 103785	Giberne 97020
Quatherine	130818	noire	1916	Kroquet 91851	Mascotte 108705
Quatherine	131495	gris-foncé	1916	Misanthrope 106210	Italienne 80269
Quathode	129878	noir-zain	1916	Lumineux 100865	Justice 84884
Quatie	132681	noire	1916	Lumineux 100865	Nina 68614
Quatilina	130820	noire	1916	Lods 100359	Christine 61836
Quatillac	129877	noir-zain	1916	Lumineux 100865	Jurée 84887
Quatin	131745	gris-foncé	1916	Instar 78857	Kolette 97737
Quatisseuse	129879	gris-foncé	1916	Koucou 91328	Docile 56819
Quatisseuse	131747	grise	1916	Lascif 103725	Liesse 104206
Quatoche	130821	grise	1916	Lods 100359	Histoire 78054
Quatolique	130040	grise	1916	Laboureur 104443	Limonade 62030
Quatorce	130826	grise	1916	Kroquet 91851	Canne 65209
Quatraile	130060	grise	1916	Lasso 103951	Castille 50784
Quatraine	131668	gris-foncé	1916	Idomen 83507	Jouvence 98514
Quatrefage	129188	noir zain	1916	Loiret 99645	Havraise 74654
Quatremère	129187	grise	1916	Loiret 99645	Monle 106986
Quatremère	131107	grise	1916	Lagan 101675	Héritière 77029

NOM	N°	ROBE	Naissance	PÈRE	MÈRE
Quatrepattes	129331	grise	1916	Japon 84819	Gavotte 68376
Quatrhine	129298	noir zain	1916	Fier-à-Bras 65250	Comédie 47888
Quatrième	129014	grise	1916	Lilas 99350	Paulette 65143
Quatrième	131279	noire	1916	Mareuil 53313	Isba 93365
Quatrième	132520	baie	1916	Limaçon 103785	Julia 98356
Quatriennale	131709	gris foncé	1916	Moraillon 106617	Lippue 99471
Quatrine	129271	gris fer	1916	Lichas 98731	Hutte 74155
Quatrine	130044	gris-foncé	1916	Labruty 99249	Roulette 53569
Quatrirème	129022	gris-foncé	1916	Kalot 92507	France 61653
Quatrirème	132521	noire	1916	Impérator 83461	Muance 110833
Quaucasie	130829	noire	1916	Kroquet 91851	Maintenue 105462
Quaucasienne	129880	noire	1916	Lucumon 100857	Jachère 83981
Quaucasienne	131748	grise	1916	Douvreur-ex-Couvreur 58335	Mésie 108471
Quauchoise	129884	grise	1916	Lucumon 100857	Kascade 92545
Quauchoise	131752	baie	1916	Lascif 103725	Kelle 95708
Quaudale	129885	grise	1916	Lumineux 100865	Indienne 90007
Quaudine	130830	grise	1916	Kroquet 91851	Margot 61215
Quaulne	130833	bai-brun	1916	Lods 100359	Lapone 98931
Quaune	128868	gris-clair	1916	Kalot 92507	Largue 100804
Quausale	131759	noire	1916	Monnier 108821	Etoile 66421
Quause	129887	noire	1916	Lumineux 100865	Ignée 78591
Quause	130834	noire	1916	Iowa 80989	Hermine 78166
Quause	131760	gris foncé	1916	Monnier 108821	Gaudriette 71936
Quauserie	130835	noire	1916	Iowa 80989	Hachette 74924
Quauserie	131762	bai.-b.-z.	1916	Monnier 108821	Mangue 110237
Quauserie	132754	gris-mou.	1916	Lumineux 100865	Grenade 69615
Quausette	129889	noire	1916	Fier-à-Bras 65250	Kourgane 89692
Quausette	131763	noire	1916	Monnier 108821	Fadette 98298
Quauseuse	129894	gris-foncé	1916	Lumineux 100865	Obélisque 54811
Quaussade	130836	grise	1916	Iowa 80989	Judicature 84595
Quausse	129891	grise	1916	Lucumon 100857	Altesse 47265
Quaution	129892	noir-zain	1916	Matériel 106248	Kane 92861
Quaution	131766	grise	1916	Mercy 105783	Meuse 108490
Quava	129537	noir-zain	1916	Loiret 99645	Larve 100116
Quavalcade	129895	gris-foncé	1916	Lumineux 100865	Lieutenante 99802
Quavalcade	131767	grise	1916	Mercy 105783	Moyette 109441
Quavale	129896	noir zain	1916	Lieuvin 103348	Kiche 90283
Quavale	131770	noire	1916	Monnier 108821	Location 102583
Quavalerie	129899	noire	1916	Kontus 93623	Olga 54272
Quavalerie	131771	noire	1916	Monnier 108821	Indivise 81995
Quavalerie	131774	noir-zain	1916	Muet 109445	Naïada 84466
Quavalière	129547	noire	1916	Lustre 99965	Consigne 62749
Quavalière	129900	grise	1916	Mameluck 105511	Journée 83726
Quavalière	131775	grise	1916	Monnier 108821	Lointaine 102592
Quavalia	129068	noire	1916	Képi 91690	Galère 69585

NOM	N°	ROBE	Naissance	PÈRE	MÈRE
Quavalleria	130838	grise	1916	Iowa 80989	Harasse 74359
Quavatine	129901	noire	1916	Mameluck 105511	Kabajone 90279
Quavatine	131777	noire	1916	Momier 108821	Komprise 95752
Quave	129368	grise	1916	Menu 105555	Mousse 105535
Quave	129902	grise	1916	Languier 100640	Normale 112072
Quave	131778	gris-foncé	1916	Maet 109445	Boulette 63587
Quavecée	129904	noire	1916	Lucumon 100857	Caissière 53687
Quaverne	129905	noire	1916	Languier 100640	Hortense 73846
Quavita	129907	gris-fer	1916	Lucumon 100857	Màtine 108131
Quayenne	130839	noire	1916	Iowa 80989	Souris 64070
Quazalès	130844	grise	1916	Korallien 91611	Manille 61704
Quazamance	130841	baie	1916	Lods 100359	Majeur 105437
Quaze	129249	noire	1916	Josué 88841	Magnes 54526
Quaze	130223	noire	1916	Menu 105555	Georgette 72142
Quazibie	129131	grise	1916	Morlaix 105709	Martre 108095
Quazibie	129329	gris-vin.	1916	Menu 105555	Lionne 100126
Quazina	129996	gris-foncé	1916	Mirliton 105710	Lapignoche 98892
Quazine	130091	noir-zain	1916	Libouret 99738	Badiane 43040
Quazotte	130842	grise	1916	Kontemporain 91579	Majuscule 105443
Quba	131100	noire	1916	Huitain 73993	Katharre 95271
Quce	129546	grise	1916	Lustre 99965	Matelote 106111
Québec	128994	gris-f.-f.	1916	Jouillat 88642	Kerlaisy 93049
Québec	131108	noire	1916	Lagan 101678	Jarretière 98504
Québra	128788	gris-foncé	1916	Mirliton 105710	Rouspète 54550
Quedecerise	129300	gris foncé	1916	Lannes 100896	Lyrique 99056
Quédyve	129355	gris fer	1916	Japon 84819	Nichachien 113589
Quéel	129538	noir-zain	1916	Loiret 99645	Givette 69963
Queen	130289	noire	1916	Ivan 81244	Isaure 93531
Quékette	130097	grise	1916	Lagor 100512	Modane 106058
Quelaine	128969	gris-foncé	1916	Moniteur 110654	Liouville 98768
Quelen	130283	grise	1916	Ivan 81244	Nomarchie 115828
Quelichette	129373	noire	1916	Japon 84819	Hirsette 97127
Quelichy	129282	noir-zain	1916	Fier-à-Bras 65250	Norique 114894
Quélidoine	130014	noire	1916	Lustre 99965	Martiale 58754
Quéline	130047	grise	1916	Lasso 103951	Géline 71360
Quelique	128965	noir-m.-l.	1916	Laboureur 104443	Jaivince 85912
Quella	129119	grise	1916	Josué 88841	Suzon 67301
Quellarit	129830	gris-vin.	1916	Libouret 99738	Bévue 54952
Quelle	129023	grise	1916	Marsin 107272	Kebir 95132
Quelle	129397	gris-f.-f.	1916	Limon 99810	Litharge 99221
Quéloïde	128787	noire	1916	Mirliton 105710	Mariane 105337
Quelque	129062	grise	1916	Menu 105555	Gondole 70971
Quelrosse	130069	grise	1916	Liguori 103360	Grisette 48019
Quelveine	130217	noire	1916	Lustre 99965	Insanite 78780
Quélyette	129083	noire	1916	Limacien 108821	Kébonite 90263

NOM	N°	ROBE	Naissance	PÈRE	MÈRE
Quémandeuse	130873	alezane	1916	Huitain 73993	Incertaine 82163
Quémandeuse	131706	noire	1916	Léandre 99625	Jarretée 87208
Quémardeur	132509	grise	1916	Limeur 103795	Moscouade 110770
Quemini	129962	noire	1916	Lissoir 99476	Mauviette 106101
Qu'en-dis-tu	131395	noire	1916	Lockray 103425	Mézière 108494
Qu'en-dit-on	131290	noire	1916	Larmier 99314	Kasbath 94748
Quenelle	129024	grise	1916	Kalot 92507	Litorne 99840
Quenelle	129408	gris-foncé	1916	Logis 99269	Icosandre 79625
Quénelle	131299	gris-foncé	1916	Larmier 99314	Mâche 109263
Quenelle	131705	gris clair	1916	Léandre 99625	Biche 75000
Quenelle	132523	grise	1916	Limaçon 103785	Monteuse 110672
Quenelle	132574	grise	1916	Michel 105189	Kourille 97249
Quenelle	132712	grise	1916	Mortrée 111200	Lampée 104373
Quenetta	129326	gris-foncé	1916	Japon 84819	Kousseine 90615
Quenevière	132586	noire	1916	Isaac 78892	Galante 72758
Quenne	128974	noire	1916	Lanier 101743	Jubine II 54236
Quennédie	129539	grise	1916	Loiret 99645	Natale 112646
Quennédie	130207	grise	1916	Kalot 92507	Méthode 107363
Quennédie	132449	alezane	1916	Menteur 111395	Morsure 110749
Quenoche	128979	noire	1916	Mylord 107421	Kalaurie 90883
Quenotte	129027	noire	1916	Lanier 101743	Fredaine 64197
Quenotte	129670	noir-zain	1916	Mordicant 110698	Iquette 98411
Quenotte	130066	grise	1916	Laboureur 104443	Noirette 111869
Quenotte	130889	noir-zain	1916	Laceron 98868	Gravité 72779
Quenotte	131295	noire	1916	Korallien 91611	Mirella 109277
Quenotte	131298	noire	1916	Larmier 99314	Mirabelle 109269
Quenotte	131687	gris-v.-f.	1916	Léandre 99625	Konieh 96057
Quenotte	132502	grise	1916	Mulassier 110853	Historienne 78384
Quenotte	132524	noire	1916	Limaçon 103785	Hôtesse 78303
Quenotte	132588	baie	1916	Lagor 100512	Hussarde 78117
Quenotte	132609	bai-brun	1916	Moy 105798	Mazurke 111193
Quenotte	132694	noire	1916	Mimosa 109651	Houlette 96850
Quenotte	132708	noire	1916	Médavy 111225	Lolotte 104351
Quenotte	132711	noire	1916	Médavy 111225	Mortaise 111213
Quenouille	129077	noire	1916	Loiret 99645	Kalipette 90386
Quenouille	129125	grise	1916	Lauguier 100640	Michelle 67140
Quenouille	129671	noire	1916	Jodelle 86049	Merlette 110041
Quenouille	130984	noire	1916	Marsin 107272	Keudi 95131
Quenouille	131718	noire	1916	Irradié 83254	Illumination 82558
Quenouille	132525	noir-zain	1916	Limaçon 103785	Lanterne 100644
Quenouille	132625	grise	1916	Loto 104424	Levrette 101388
Quenouille	132686	gris-r.	1916	Mimosa 109651	Kadora 97301
Quenouillée	129978	noire	1916	Laboureur 104443	Grisette 98107
Quenouillée	134032	gris-foncé	1916	Importun 80576	Malterie 107636
Quenouillée	132526	noire	1916	Mahmoud 109397	Nulle 118087

NOM	N°	ROBE	Naissance	PÈRE	MÈRE
Quenouillette	131940	gris r.	1916	Loto 104424	Dalila 93547
Quenouillette	132684	grise	1916	Lapsus 104447	Lesteur 101862
Quentine	129192	grise	1916	Lilas 98638	Loutre 100841
Quentine	129659	noire	1916	Mareuil 53343	Lancette 101606
Quenza	128080	noire	1916	Mylord 107421	Christine 63067
Quérable	129127	noire	1916	Kontus 93623	Kahoteuse 90527
Quérable	132528	grise	1916	Machiavel 104897	Isabelle 82602
Quératine	129540	noire	1916	Limon 99810	Kolombina 89815
Quératine	132452	grise	1916	Menteur 111395	Décidée 51283
Quératite	129413	grise	1916	Josué 88844	Menterie 105398
Quératite	129551	noir-zain	1916	Lanier 101743	Souris 61385
Quératite	132453	noire	1916	Languedoc 104423	Mulsion 110847
Quératocèle	132454	grise	1916	Languedoc 104423	Korola 96647
Quératose	129553	noire	1916	Kontemporain 91579	Tulipe 57754
Quératose	132455	grise	1916	Loto 104424	Kalle 97402
Quercia	128889	noire	1916	Guignolet 70023	Jamaïque 51312
Quercia	129193	grise	1916	Fier-à-Bras 65250	Ninas 112134
Quercia	131109	gris-fer-f.	1916	Lagan 101678	Jonquille 98505
Quercle	129351	noire	1916	Japon 84819	Ronflette 59390
Quercitrine	129128	noire	1916	Matériel 106248	Neuve 112605
Quercitrine	131702	noire	1916	Kontemporain 91579	Nébuleuse 116850
Quercitrine	132535	grise	1916	Mulassier 110853	Lippe 103840
Quercy	131717	gris-foncé	1916	Moraillon 106617	Laize 102841
Querella	131698	gris-foncé	1916	Kabestan 94208	Nébulosité 116854
Querelle	129132	noire	1916	Illettré 84310	Galette 71955
Querelle	129577	grise	1916	Lasso 103951	Colline 64936
Querelle	131293	grise	1916	Korallien 91611	Jenny 84651
Querelle	131699	noire	1916	Idomen 83507	Biche 75213
Querelle	132529	grise	1916	Limaçon 103785	Judicieuse 86644
Querelle	132620	gris foncé	1916	Loto 104424	Muscardine 110873
Querelle	132689	grise	1916	Mimosa 109651	Duchesse 97711
Querelle	132713	grise	1916	Médavy 111225	Nérolia 118442
Querelleuse	128814	noire	1916	Mirliton 105710	Manivelle 105331
Querelleuse	128992	gris-fer-f.	1916	Quinquina 68945	Kéramine 95348
Querelleuse	129133	gris-fer-f.	1916	Lapereau 100259	Serpolette 63868
Querelleuse	130930	noire	1916	Minuit 107582	Remuante 62375
Querelleuse	132530	alezane	1916	Menteur 111395	Merellie 104813
Querelleuse	132560	noir-m.-t.	1916	Kerdrain 95437	Ida 96856
Querelleuse	132705	noire	1916	Laurent 104533	Irminie 97733
Quérémonie	131703	noire	1916	Kontemporain 91579	Gramme 81680
Querfontaine	129831	gris t.-f.	1916	Lescapé 99345	Kolombe 95714
Quérido	132729	grise	1916	Maquis 110284	Kouka 96201
Querie	130017	noire	1916	Japon 84819	Pintade 46101
Quérimonie	132531	grise	1916	Mulassier 110853	Noémie 118250
Querirapas	130248	gris-t.-f.	1916	Mirliton 105710	Méringue 106405

NOM	N°	ROBE	Naissance	PÈRE	MÈRE
Quérite	129556	grise	1916	Iowa 80989	Magnificence 105405
Quérite	132456	grise	1916	Loto 104424	Kalvitie 97409
Querlette	129660	gris foncé	1916	Indécis 83374	Justesse 84613
Querlette	130250	grise	1916	Mirliton 105710	Merlette 106412
Quermesse	129561	noire	1916	Kalot 92507	Céline 52174
Quermesse	130249	noire	1916	Mirliton 105710	Ténébreuse 52834
Quermesse	132457	grise	1916	Kaisson 97384	Rosette 49912
Querrie	129562	alezane	1916	Jasmin 83835	Coquette 97596
Querrie	132458	grise	1916	Loto 104424	Héroïne 78324
Quesada	131110	noire	1916	Huitain 73993	Héloïse 77035
Quesne	128998	noire	1916	Lichas 98731	Chaton 68810
Questbelle	130070	gris foncé	1916	Liguori 103360	Ionienne 79254
Qu'est-ce-que	131288	grise	1916	Larmier 99314	Mercédès 109264
Questche	132747	grise	1916	Mahomet 111329	Miquette 110739
Questeuse	131072	noire	1916	Huitain 73993	Libérée 103299
Questeuse	131306	noir m.-t.	1916	Ichneumon 80679	Libertine 104235
Question	129140	gris-clair	1916	Lucumon 100857	Médée 107337
Question	129194	grise	1916	Limon 99810	Lize 100768
Question	130749	noire	1916	Lescapé 99345	Gavotte 72021
Question	130868	gris-bleu	1916	Huitain 73993	Jacobine 87944
Question	131114	noir-zain	1916	Huitain 73993	Matelote 108334
Question	131145	gris-foncé	1916	Komitat 91759	Juliobona 88073
Question	131307	noire	1916	Ichneumon 80679	Licencieuse 104236
Question	132536	grise	1916	Lapsus 104417	Jaumière 89096
Question	132595	grise	1916	Médavy 111225	Limonade 104516
Question	132687	grise	1916	Jan 84219	Korodette 96782
Questionne	129967	grise	1916	Mirliton 105710	Gidelle 69852
Questionneuse	129661	noire	1916	Huron 77627	Lydie 98846
Questionneuse	131642	grise	1916	Léandre 99625	Houppelande 78279
Questionneuse	132585	noire	1916	Karapath 97283	Maristuard 114191
Questorienne	131636	noire	1916	Lédon 101823	Liane 101385
Questorienne	132537	noire	1916	Lapsus 104417	Raymonde 56360
Questure.	129143	gris-foncé	1916	Mirabeau 109364	Lisette 54148
Questure	131637	noire	1916	Lédon 101823	Kada 92227
Questure	132539	gris-fer	1916	Mahomet 111329	Mozette 110777
Questure	132594	gris-foncé	1916	Mortrée 111200	Naziolla 118165
Questure	132635	gris-foncé	1916	Myrmidon 109533	Monica 104830
Quête	129391	grise	1916	Limon 99810	Kine 90401
Quête	130279	gris-tr.-f.	1916	Misanthrope 106210	Médiale 109931
Quête	131308	noire	1916	Idomen 83507	Magicienne 110951
Quête	132540	grise	1916	Linnaçon 103785	Litharge 103874
Quête	132597	gris-foncé	1916	Lagor 100512	Galère 97717
Quêteuse	129130	baie	1916	Maquignon 106317	Kara 90596
Quêteuse	129392	gris-foncé	1916	Larpent 99117	Coquette 54179
Quêteuse	129429	noire	1916	Lucumon 100857	Lisette 62820

NOM	N°	ROBE	Naissance	PÈRE	MÈRE
Quêteuse	131648	noire	1916	Benjoin 62927	Mérida 110046
Quêteuse	132580	noire	1916	Kaduc 95523	Louise 104538
Quêteuse	132590	noire	1916	Kaduc 95523	Levantine 104546
Quêteuse	132718	noire	1916	Kaisson 97384	Nourrice 118026
Quêteuse	132750	noir-zain	1916	Municipal 110863	Hargnerie 78229
Quétisme	129707	gris-foncé	1916	Ivan 81244	Hemmaüs 76076
Quetmie	129569	noire	1916	Matériel 106248	Mante 107981
Quétmie	132461	grise	1916	Loiret 103444	Mouillère 110800
Quetsche	129146	noire	1916	Lorientais 103276	Esther 98442
Quettehou	129746	grise	1916	Jean-qui-rit 88772	Honorée 74681
Quetteville	128996	gris-bleu	1916	Lapereau 100259	Lande 103122
Quettreville	129001	noire	1916	Lapereau 100259	Jettature 84567
Queudepoële	130231	noir-zain	1916	Lescapé 99345	Lyrique 102764
Queue	131649	gris-foncé	1916	Camail 67771	Manissa 110044
Queuederat	130926	noir-zain	1916	Kalot 92507	Mouvette 53592
Queuille	128997	noir-zain	1916	Lichas 98731	Kaïdafa 95202
Queurie	131716	gris-foncé	1916	Lyonnais 102760	Helvétie 75602
Quèvreville	128878	noire	1916	Lichas 98731	Joviale 85259
Quewelle	129396	grise	1916	Limon 99810	Jeannette 85226
Quezalte	131154	gris-noir	1916	Laceron 98868	Lécheuse 103282
Quiberville	128874	gris-clair	1916	Kalot 92507	Hélice 81812
Quibitka	129574	noire	1916	Lansquenet 99293	Analyse 67001
Quiboche	130953	noire	1916	Minuit 107582	Hématie 74549
Quibola	132562	grise	1916	Barnac 51162	Mireille 114435
Quibole	132554	noire	1916	Loto 104424	Matraque 111122
Quibole	132559	noire	1916	Kerdrain 95437	Mireille 55720
Quibolina	132549	noir-m.t.	1916	Kerdrain 95437	Comète 64241
Quibolinette	132592	gris-r.	1916	Kaduc 95523	Magie 114162
Quiça	129374	noir-zain	1916	Japon 84819	Icajine 80826
Quichahute	129344	grise	1916	Japon 84819	Chimère 52378
Quichante	130277	grise	1916	Ivan 81244	Kabine 95504
Quiche	128892	noire	1916	Karrich 92710	Lente 101424
Quiche	129205	grise	1916	Kontus 92623	Kanonique 90728
Quiche	131147	gris-noir	1916	Mécastor 106627	Gérance 70058
Quichenotte	130753	noire	1916	Kivac 94730	Lucie 101610
Quichotte	129292	grise	1916	Képi 91690	Idéologie 79210
Quichotte	129369	grise	1916	Microbe 105766	Biche 49379
Quidam	128995	noire	1916	Huitain 73993	Kolossos 95263
Quiddité	128893	gris-foncé	1916	Minuit 107582	Jacobée 87964
Quiddité	132545	grise	1916	Iman 83062	Idole 82848
Quide	129487	noire	1916	Koucou 94328	Colline 53859
Quierzy	131115	noire	1916	Lion 100756	Galbeuse 93316
Quiésérite	129578	noire	1916	Laceron 98868	Gâchette 73096
Quiestede	128873	grise	1916	Karolus 93008	Loue 98806
Quieta	131030	gris-bleu	1916	Minuit 107582	Opérette 66572

NOM	N°	ROBE	Naissance	PÈRE	MÈRE
Quiète	128894	noire	1916	Kalot 92507	Grimpante 69991
Quiète	131117	noir-zain	1916	Lagan 101678	Brebis 50671
Quiète	132546	grise	1916	Iman 83062	Névralgie 117883
Quiétisme	129195	grise	1916	Languier 100640	Krassule 91397
Quiétisme	131933	gris-noir	1916	Limonadier 100093	Jusquiame 93410
Quiétude	128895	noire	1916	Lapereau 100259	Kalmia 92420
Quiétude	131274	noire	1916	Mareuil 53313	Loulette 101620
Quiétude	131653	gris-r.	1916	Moraillon 106617	Indienne 81115
Quiétude	132598	noire	1916	Lagor 100512	Mazeppa 109682
Quiétude	132690	gris-t. f.	1916	Mimosa 109651	Jouteuse 89029
Quijada	129952	gris vin.	1916	Microbe 105766	Chipette 66253
Quike	129394	noire	1916	Homard 74692	Jeannette 85011
Quilalotte	130296	gris-foncé	1916	Lalo 100197	Moselle 109757
Quiletta	128804	noire	1916	Japon 84819	Nouzille 113400
Quilifera	129401	bai brun	1916	Larpent 99117	Lydie 99038
Quilimane	129208	gris-t. f.	1916	Fier-à-Bras 65250	Kouligane 91094
Quilimane	131950	gris-t.-f.	1916	Limonadier 100093	Hommelette 77421
Quilimanie	129196	noire	1916	Lamus 100896	Lykette 99057
Quilimanie	131139	noire	1916	Lanier 101743	Iole 82355
Quilipica	129088	grise	1916	Mirliton 105710	Loufoche 99145
Quilla	130276	noire	1916	Liguori 103360	Hongroise 74007
Quillane	129210	gris-clair	1916	Lilas 99350	Kaptive 90779
Quillane	131125	gris-bleu	1916	Lanier 101743	Menotte 107473
Quille	128883	gris fer	1916	Lanier 101743	Houle 76333
Quille	129138	noire	1916	Kanevas 90715	Gamine 72573
Quille	129202	gris-foncé	1916	Jallieu 86306	Grenouille 69492
Quille	129311	gris-t.-f.	1916	Limon 99810	Manivelle 105606
Quille	129341	grise	1916	Japon 84819	Méfiante 105729
Quille	129465	noire	1916	Languier 100640	Happe 73841
Quille	129588	grise	1916	Laceron 98868	Ibérie 81039
Quille	130909	grise	1916	Karolus 93008	Minette 106448
Quille	131040	gris-foncé	1916	Lyonnais 102760	Lignerolle 104219
Quille	131275	noire	1916	Kivac 94730	Margot 107613
Quille	131654	gris-foncé	1916	Lyonnais 102760	Bravoure 63187
Quille	132648	grise	1916	Loto 104424	Impératrice 82740
Quillembois	131291	grise	1916	Korallien 91611	Ketty 94744
Quillette	128898	noire	1916	Karolus 93008	Névralgie 114397
Quillette	131126	noire	1916	Marceau 104772	Julie 88076
Quillette	131282	noire	1916	Indécis 83374	Nisette 116252
Quillette	131411	gris-foncé	1916	Douvreur - ex-Couvreur 58335	Mahe 106112
Quillette	131655	noire	1916	Lamantin 103615	Jeunesse 88805
Quillette	132633	noire	1916	Lapsus 104417	Nacorelle 118390
Quillette	132679	baie	1916	Lagor 100512	Maïna 108898
Quiloa	129197	grise	1916	Fier-à-Bras 65250	Jerosette 83602
Quiloa	129653	gris-foncé	1916	Ivan 81244	Liante 99717

NOM	N°	ROBE	Naissance	PÈRE	MÈRE
Quiloa	131935	gris-fer	1916	Limonadier 100093	Martinique 109423
Quilymène	130293	grise	1916	Lescapé 99345	Charmante 61301
Quimatria	129113	noire	1916	Montretout 106337	Mérope 105803
Quimina	128789	noire	1916	Mirliton 105710	Herse 74103
Quimonette	129060	gris-clair	1916	Josué 88841	Aigrette 65372
Quimoza	129336	noire	1916	Japon 84819	Lisette 54080
Quimperlette	132411	grise	1916	Doguet-ex-Sapeur 60641	Muscinée 110877
Quina	129120	grise	1916	Mirliton 105710	Maïolique 107595
Quina	129150	noire	1916	Kalot 92507	Brillante 58987
Quina	129419	noire	1916	Fier-à-Bras 65250	Caline 55467
Quina	129565	noire	1916	Laboureur 104443	Jailatoque 86454
Quina	131539	noire	1916	Konstat 95797	Kolosse 93891
Quinaude	131266	noire	1916	Kanevas 90715	Joyeuse 85490
Quinaude	131679	gris-fer	1916	Lédon 101823	Madrure 111081
Quinaude	132600	alezan-br.	1916	Maquis 110284	Nervure 118181
Quinaude	132677	gris-t.-f.	1916	Loto 104424	Flore 89994
Quincaille	131681	noire	1916	Mahonnais 107558	Klémence 96526
Quincaille	132676	gris-t.-f.	1916	Loto 104424	Hachette 89996
Quincaillerie	132565	gris-foncé	1916	Michel 105189	Lorinette 104513
Quincaillerie	132675	grise	1916	Loto 104424	Limonite 103803
Quincailleuse	132678	noire	1916	Lagor 100512	Moque 108897
Quincampoix	131292	noire	1916	Korallien 91611	Hôtesse 75708
Quince	130010	grise	1916	Lot 100380	Coquette 98599
Quinconce	131297	noire	1916	Korallien 91611	Mélanose 109270
Quinconciale	131646	noire	1916	Idomen 83507	Légation 104312
Quine	129157	noire	1916	Lilas 99350	Hausse 73922
Quine	129218	noire	1916	Mylord 107421	Hirondelle 78438
Quine	129395	gris-foncé	1916	Homard 74692	Kécoute 90272
Quine	131294	gris-t.-f.	1916	Larmier 99314	Mauresse 109275
Quine	131540	gris-t.-f.	1916	Konstat 95797	Karoline 93889
Quine	131936	noire	1916	Limeur 103795	Mouvette 110779
Quine	132547	gris-foncé	1916	Barnac 51162	Larme 102867
Quine	132716	gris-foncé	1916	Interprète 80665	Jobarde 88872
Quinée	129164	gris-foncé	1916	Languier 100640	Invincible 80296
Quinette	129220	noire	1916	Labruty 99249	Giroflée 98092
Quinette	129485	baie	1916	Lucumon 100857	Colinette 47721
Quinette	129596	grise	1916	Limon 99810	Mignardise 107831
Quinette	130284	gris-fer	1916	Ivan 81244	Milanière 107482
Quinette	131934	rouan-cl.	1916	Limonadier 100093	Goyave 72633
Quinette	132668	noire	1916	Kolomb 96547	Hyène 77453
Quinéville	128870	grise	1916	Kalot 92507	Lanoire 99538
Quinéville	129004	grise	1916	Karolus 93008	Kamite 92363
Quinine	129082	noire	1916	Limacien 99821	Lime 99819
Quinine	129166	gris-foncé	1916	Loiret 99645	Indépendante 80475
Quinine	129409	gris-foncé	1916	Jallieu 86306	Indécence 78744

NOM	N°	ROBE	Naissance	PÈRE	MÈRE
Quinine	130452	grise	1916	Fier-à-Bras 65250	Klanche 91076
Quinine	130864	grise	1916	Laceron 98868	Javanaise 87986
Quinine	131001	noire	1916	Lichas 98731	Jerès 84029
Quinine	131272	noire	1916	Kivac 94730	Kocotte 50280
Quinine	131378	grise	1916	Incident 80133	Nacinthe 111595
Quinine	131690	baie	1916	Kalidun 95297	Morille 108930
Quinine	132555	noire	1916	Loto 104424	Digitale 60790
Quinine	132669	grise	1916	Mimosa 109651	Libration 101901
Quinine	132748	grise	1916	Limaçon 103785	Moye 110827
Quinola	129309	grise	1916	Képi 91690	Klette 91738
Quinola	130743	noir-zain	1916	Lédon 101823	Idole 42187
Quinola	132671	grise	1916	Kolomb 96547	Jeunesse 87242
Quinole	132672	gris-t. f.	1916	Kolomb 96547	Hyperbole 73545
Quinoleine	129168	grise	1916	Korallien 91611	Kourtisane 91360
Quinoleine	131691	noire	1916	Kongo 91996	Jonquille 86650
Quinoleïne	132674	gris-foncé	1916	Kolomb 96547	Lagoulue 104455
Quinolette	132583	noire	1916	Loto 104424	Hure 78204
Quinolette	132673	gris-foncé	1916	Kolomb 96547	Lynche 104456
Quinoline	132581	noire	1916	Kadue 95523	Jouvencelle 88837
Quinolla	132412	grise	1916	Doguet-ex-Sapeur 60641	Lionne 103834
Quinone	129074	grise	1916	Fier-à-Bras 65250	Luxueuse 99776
Quinone	130297	grise	1916	Jean-qui-rit 88772	Manille 68532
Quinoxe	129213	gris-f.-v.	1916	Microbe 105766	Inflexion 79898
Quinquennale	131337	gris-v.-f.	1916	Idomen 83507	Juvénilité 88752
Quinquenova	131674	gris-noir	1916	Maudit 106271	Manitora 111074
Quinquerème	131675	grise	1916	Importun 80576	Margarita 111061
Quinquette	132652	noir-m.-t.	1916	Barnac 51162	Mignonne 60177
Quinquette	132738	noire	1916	Mortrée 111200	Dalila 60920
Quinquina	129323	gris-foncé	1916	Fier-à-Bras 65250	Marinette 47219
Quinsone	128872	noire	1916	Karolus 93008	Kontrebande 93617
Quintaine	129171	grise	1916	Kalot 92507	Mentiane 107743
Quintaine	131338	noir-m.-t.	1916	Ichneumon 80679	Hellade 78292
Quintaine	131943	gris-foncé	1916	Mortrée 111200	Mida 111142
Quintaine	132651	noir-m.-t.	1916	Kolomb 96547	Irlandaise 82792
Quintale	130258	noire	1916	Loyalty 101301	Jadore 86582
Quintana	129200	grise	1916	Loiret 99645	Chartreuse 66625
Quintana	129359	noire	1916	Képi 94690	Lamour 98996
Quintana	130036	noire	1916	Labruty 99249	Braisette 67516
Quintana	131958	bai-zain	1916	Limonadier 100093	Irma 93269
Quintanie	129221	noire	1916	Lapereau 100259	Immanquable 80477
Quinte	128823	noir-zain	1916	Lods 100359	Lignite 103745
Quinte	128983	grise	1916	Kanevas 90715	Insipide 81058
Quinte	129172	grise	1916	Kalot 92507	Kynésie 90576
Quinte	129512	grise	1916	Moelleux 108777	Lahaie 100863
Quinte	130114	gris-vin.	1916	Lescapé 99345	Gondole 71012

NOM	N°	ROBE	Naissance	PÈRE	MÈRE
Quinte	130451	baie	1916	Fier-à-Bras 65250	Krevette 92339
Quinte	131116	noir-zain	1916	Huitain 73993	Echo 59677
Quinte	131304	noire	1916	Korallien 91611	Brillante 55168
Quinte	131339	noire	1916	Moy 105798	Layette 104290
Quinte	131942	gris-foncé	1916	Médavy 111225	Limande 104524
Quinte	132557	noire	1916	Isaac 78892	Musette 111126
Quinte	132612	grise	1916	Isaac 78892	Matte 109890
Quintecurce	129201	grise	1916	Languier 100640	Imposée 61784
Quintefeuille	129234	noir-zain	1916	Korallien 91611	Jumenteuse 85132
Quintefeuille	131672	noire	1916	Lédon 101823	Jujube 87328
Quintessence	129177	noire	1916	Matériel 106248	Maternelle 106247
Quintessence	130124	gris-foncé	1916	Libouret 99738	Luronne 102710
Quintessence	131269	noire	1916	Kivac 94730	Valentine 58838
Quintessence	131658	noire	1916	Importun 80576	Madeira 111054
Quintetquatorze	130118	grise	1916	Lescapé 99345	Hargneuse 74421
Quintetta	131640	noire	1916	Importun 80576	Liesse 104268
Quintette	129180	grise	1916	Karolus 93008	Cocotte 81806
Quintette	131271	noire	1916	Kivac 94730	Jurandre 98633
Quinteuse	129183	grise	1916	Jallieu 86306	Limande 46487
Quinteuse	129223	gris bleu	1916	Quinquina 68945	Jutland 88570
Quinteuse	129566	grise	1916	Lasso 103951	Nicolette 113449
Quinteuse	131666	gris-foncé	1916	Lysias 103555	Krossnira 96114
Quinteuse	132699	grise	1916	Kolomb 96547	Fuyante 97715
Quinteuse	132721	gris-foncé	1916	Kerdrain 95437	Harmonie 74337
Quintida	131313	aubère	1916	Klocher 95657	Janine 96888
Quintilienne	129226	noire	1916	Japon 84819	Heggal 76720
Quintilienne	131948	noire	1916	Limonadier 100093	Margot 109182
Quintine	131131	gris-bleu	1916	Keramin 95167	Mouette 67923
Quintinette	132653	gris-foncé	1916	Laurent 104533	Lorgnette 104619
Quintinie	128867	grise	1916	Kontemporain 91579	Kuisine 91883
Quinzaine	129185	grise	1916	Lilas 99350	Kourbe 91346
Quinzaine	131133	noire	1916	Célibat 64968	Instinctive 81107
Quinzaine	131656	gris-t.-f.	1916	Mathématicien 106251	Nauséabonde 117601
Quinzaine	132722	gris-foncé	1916	Maquis 110284	Liane 104616
Quinzaine	132730	noire	1916	Isaac 78892	Helvétia 96848
Quinze	129337	noire	1916	Microbe 105766	Kastorine 91173
Quinzième	129184	grise	1916	Lilas 99350	Jacasse 85659
Quiosque	129579	noire	1916	Lapereau 100259	Jaen 86077
Quipeste	129527	grise	1916	Jean-qui-rit 88772	Frivole 63256
Quipique	128803	noire	1916	Japon 84819	Hastique 76601
Quirelle	129080	noire	1916	Mirliton 105710	Kalédonie 92317
Quirellie	129284	noir-zain	1916	Lannes 100896	Napelle 113343
Quirielle	128942	gris-foncé	1916	Ivan 81244	Inconnue 78910
Quirielle	132579	noire	1916	Maquis 110284	Sirène II 54251
Quirikiki	128945	grise	1916	Ivan 81244	Isée 78900

NOM	N°	ROBE	Naissance	PÈRE	MÈRE
Quirinale	129658	noire	1916	Mareuil 53313	Nannette 113329
Quirine	129043	noir zain	1916	Fier-à-Bras 65250	Hyvonne 76778
Quirita	131323	noire	1916	Klocher 96657	Limande 104321
Quirite	129235	noir-zain	1916	Fier-à-Bras 65250	Méthode 106735
Quiroga	130302	grise	1916	Ivan 81244	Normande 113857
Quiroga	131134	noire	1916	Célibat 64968	Goulberdière 97058
Quirouith	129390	gris f.-v.	1916	Homard 74692	Kyste 89686
Quiscale	129236	grise	1916	Languier 100640	Monnie 106874
Quisamouche	130107	grise	1916	Ivan 81244	Pelote 47364
Quisse	129076	grise	1916	Mirliton 105710	Hymne 75283
Quisse	130024	noir zain	1916	Josué 88841	Carmen 43431
Quisse	130261	grise	1916	Montretout 106337	Morande 107440
Quissette	129318	noir zain	1916	Morlaix 105709	Lacette 99062
Quista	129563	gris foncé	1916	Labruty 99249	Sandie 49313
Quiste	129705	grise	1916	Liguori 103360	Harica 76620
Quistina	129664	noire	1916	Josué 88841	Risette 60560
Quistine	129035	noire	1916	Jallieu 86306	Sibérienne 52651
Quistine	129073	noire	1916	Fier-à-Bras 65250	Kardine 92898
Quitana	130007	grise	1916	Lagor 100512	Mazurka 105941
Quite	132636	gris f.-f.	1916	Myrmidon 109533	Kuvette 96418
Quitta	129182	gris-roman	1916	Labruty 99249	Mousquère 44878
Quittance	129238	grise	1916	Languier 100640	Kalcédoine 90551
Quittance	129529	gris t.-f.	1916	Kanevas 90715	Larve 101401
Quittance	130096	grise	1916	Lagor 100512	Génésique 69689
Quittance	131270	noire	1916	Mareuil 53313	Lisette 101607
Quittance	131670	alezan f.	1916	Importun 80576	Juliana 93425
Quittance	132723	gris-foncé	1916	Maquis 110284	Kora 97285
Quittance	132731	gris-foncé	1916	Isaac 78892	Jeannette 98523
Quitte	129246	grise	1916	Lucumon 100857	Kaolinisation 89670
Quitte	131287	noire	1916	Korallien 91611	Manon 109261
Quivala	131189	gris-foncé	1916	Lockray 103425	Grenadine 49751
Qui-va-là	131011	gris-t.-f.	1916	Célibat 64968	Coquette 44222
Quivienne	129572	noire	1916	Kalot 92507	Civette 61854
Quivienne	132462	grise	1916	Mûrier 110866	Josabeth 98557
Quivière	128869	grise	1916	Kalot 92507	Lamineuse 101716
Quivière	129005	gris-clair	1916	Kroquet 91851	Victorieuse 55283
Quivive	129186	noire	1916	Kontus 93623	Castille 58377
Quivive	129325	grise	1916	Japon 84819	Vermouth 49166
Quivive	132608	bai-brun	1916	Kabestan 94208	Indécise 80497
Qui-vive	131289	gris-f.-f.	1916	Larmier 99314	Marjolaine 109262
Quivola	129517	noire	1916	Kilo 94631	Karie 95973
Quivola	132569	noire	1916	Michel 105189	Lisa 44176
Quivola	132700	grise	1916	Médavy 111225	Image 87692
Quivonie	129118	grise	1916	Menu 105555	Litée 99197
Quivrette	129998	gris-foncé	1916	Laboureur 104443	Jaque 84693

NOM	N°	ROBE	Naissance	PÈRE	MÈRE
Quizieuze	131441	gris-foncé	1916	Lagor 100512	Modestie 109964
Qulasse	130241	noire	1916	Loyalty 101301	Kosmat 89850
Qulée	128927	grise	1916	Laboureur 104443	Mouchette 67303
Qulothe	130013	noire	1916	Lustre 99965	Lady 97914
Qulotte	129209	grise	1916	Fier-à-Bras 65250	Loquèle 99873
Qune	129549	grise	1916	Lustre 99965	Lacune 97888
Qunégonde	131241	noire	1916	Lamantin 103615	Breloque 63185
Quoactive	130154	gris-vin.	1916	Katgut 92560	Livadia 101030
Quoala	132465	grise	1916	Loto 104424	Moulue 110803
Quoalisée	131851	gris-foncé	1916	Loris 100377	Manne 110253
Quoalition	130847	grise	1916	Guignolet 70023	Konque 93591
Quobéa	131853	gris-noir	1916	Limonadier 101464	Juvenilia 98343
Quobée	130157	noire	1916	Jasmin 83835	Mandrine 108180
Quoblette	132717	noire	1916	Médavy 111225	Carabine 60921
Quobra	130074	noire	1916	Laboureur 104443	Gazéifi 69485
Quoca	130158	gris-vin.	1916	Jasmin 83835	Médievale 108220
Quoca	131854	grise	1916	Monnier 108821	Ibérie 98308
Quocagne	130162	grise	1916	Lougre 100470	Istria 79853
Quocagne	131856	gr.f.c.m.	1916	Monnier 108821	Métromanie 108484
Quocaïne	130163	grise	1916	Lougre 100470	Grabuche 70097
Quocaïne	131857	noire	1916	Lot 100380	Huisserie 77681
Quocarde	129668	noire	1916	Kalot 92307	Lampe 100613
Quocarde	130167	grise	1916	Lougre 100470	Rosette 48179
Quocarde	131859	noir-zain	1916	Loris 100377	Julia 88547
Quocasse	129320	grise	1916	Morlaix 105709	Cocotte 54483
Quocasse	130168	gris-foncé	1916	Lougre 100470	Houlette 74307
Quocasse	131862	gris-foncé	1916	Douvreur-ex-Couvreur 58335	Givette 72080
Quoche	131864	gris-foncé	1916	Instar 78857	Kadence 96620
Quochenille	131867	gris-clair	1916	Mercy 105783	Fleurette 49251
Quochère	130170	gris-foncé	1916	Lougre 100470	Cascabelle 47957
Quochère	131868	grise	1916	Loris 100377	Joliette 64547
Quocote	131874	gris-foncé	1916	Mercy 105783	Langside 102818
Quocotte	130174	gris-foncé	1916	Lougre 100470	Hélène 74199
Quocotte	131869	gris-foncé	1916	Mercy 105783	Guillaumette 72102
Quoction	130175	gris-foncé	1916	Lougre 100470	Marche 108017
Quoda	130176	gris foncé	1916	Lougre 100470	Gustine 69650
Quoda	131872	grise	1916	Instar 78857	Thalie 47373
Quode	129094	noire	1916	Montretout 106337	Irmanie 80845
Quodéïne	129833	noire	1916	Lumineux 100865	Lausanne 101394
Quodéïne	130179	noire	1916	Lougre 100470	Manette 61100
Quodette	130731	grise	1916	Moucheron 110781	Libellule 103787
Quodie	129071	noire	1916	Fier-à-Bras 65250	Joséphine 65427
Quognasse	131877	grise	1916	Douvreur-ex-Couvreur 58335	Richette 81599
Quognée	130184	gris-foncé	1916	Jasmin 83835	Charlotte 65316
Quognée	131878	alezane	1916	Kourlis 95894	Olga 61179

NOM	N°	ROBE	NAISSANCE	PÈRE	MÈRE
Quocgnitive	131879	grise	1916	Mercy 105783	Charlotte 50393
Quohérence	130159	grise	1916	Marinier 107253	Floride 84369
Quohésive	131881	gris foncé	1916	Mercy 105783	Victorieuse 48022
Quohorte	130187	bai clair	1916	Matériel 106248	Myriade 107046
Quohue	130185	noir zain	1916	Lumineux 100865	Javeline 83712
Quoiffe	130190	noire	1916	Lacumon 100857	Mouillure 106984
Quoiffe	131883	grise	1916	Mercy 105783	Lalinde 102804
Quoiffeur	130191	grise	1916	Lacumon 100857	Fabia 65530
Quoiffure	131886	gris noir	1916	Mercy 105783	Molette 111359
Quoique	129247	gris foncé	1916	Kalot 92507	Halle 77073
Quoite	131887	grise	1916	Marceau 107660	Marquise 55834
Quoitte	131889	grise	1916	Loris 100377	Larive 102866
Quola	132466	noire	1916	Logicien 103918	Hougne 98538
Quolair	129117	noir-zain	1916	Montretout 106337	Lyrie 99116
Quolature	130192	gris foncé	1916	Koacou 91328	Coquette 53906
Quolberte	130851	noire	1916	Iowa 80989	Jouvence 86257
Quolchicine	131895	noire	1916	Kongo 91996	Biche 49562
Quolchide	130848	noir zain	1916	Guignolet 70023	Hanche 78103
Quolère	130780	grise	1916	Iowa 80789	Jabel 89358
Quolère	131899	noire	1916	Lorientais 103276	Maréchale 110318
Quolerette	129042	grise	1916	Menu 105555	Berrichonne 66450
Quolerette	129056	grise	1916	Célibat 64968	Paquerette 53589
Quolérine	129068	grise	1916	Mirliton 105710	Méprise 106392
Quolérique	129090	gr. f. vin.	1916	Menu 105555	Jujube 85575
Quolette	130849	grise	1916	Guignolet 70023	Laine 98857
Quolibette	129254	gris-clair	1916	Illettré 81310	Karpette 92685
Quolibette	132610	baie	1916	Mimosa 109651	Harangue 75568
Quolibette	132707	noire	1916	Médavy 111225	Jouvence 87287
Quolifuge	129107	noir-zain	1916	Lustre 99965	Mignonne 81622
Quolima	130853	noire	1916	Iowa 80989	Jasse 86307
Quoline	131902	noire	1916	Kongo 91996	Marelle 110321
Quolinette	130106	noire	1916	Ivan 81244	Indiana 54498
Quolinette	130199	bai-brun	1916	Képi 91690	Monnaie 105230
Quolinette	131904	noire	1916	Lot 100380	Nine 117246
Quolinière	129651	noire	1916	Labruty 99249	Houille 73385
Quolique	128863	grise	1916	Kalot 92507	Corniche 64065
Quolique	130200	noire	1916	Morlaix 105709	Belleaude 54982
Quolique	131903	gris-aub.	1916	Kongo 91996	Ile 82899
Quolisée	130850	noire	1916	Iowa 80989	Eva 60815
Quôlite	130201	noire	1916	Képi 91690	Biche 43623
Quôlite	131905	noire	1916	Lorientais 103276	Kolumelle 95722
Quollante	130202	noire	1916	Mexico 105896	L'Amie 50093
Quollante	131907	grise	1916	Lockray 103425	Margot 110329
Quollation	130183	bai-brun	1916	Fier-à-bras 65250	Idylle 78590
Quollation	131909	noire	1916	Lockray 103425	Jactance 87174

NOM	N°	ROBE	Naissance	PÈRE	MÈRE
Quolle	130000	grise	1916	Mirliton 105710	Justice 85986
Quolle	130203	grise	1916	Larpent 99117	Mouche 105815
Quolle	131911	grise	1916	Lot 100380	Mate 109853
Quollecte	129112	noire	1916	Montretout 106337	Jouiza 85925
Quollecte	130204	grise	1916	Képi 91690	Moucheture 106974
Quollecte	131912	grise	1916	Lot 100380	Badine 54376
Quolläine	129250	gris-foncé	1916	Josué 88841	Gourmande 71339
Quollerette	129053	noire	1916	Jallieu 86306	Navarre 113430
Quolline	130307	gris-noir	1916	Minuit 107582	Brillante 53993
Quolline	131915	grise	1916	Lyonnais 102760	Kravache 95991
Quollinée	130854	noire	1916	Iowa 80989	Rosette 67018
Quollioure	130858	noire	1916	Kalcul 92482	Kartouche 91164
Quollision	131917	gris-clair	1916	Douvreur-ex-Couvreur 58335	Imerina 93471
Quollusion	131918	noire	1916	Douvreur-ex-Couvreur 58335	Bavette 67040
Quolocase	131919	gris-noir	1916	Loris 100377	Lauzerte 102889
Quologne	130861	noire	1916	Karolus 93008	Kopule 91260
Quolomba	130863	noire	1916	Mordicant 110698	Briska 47737
Quolombe	130311	gris-clair	1916	Lalo 100197	Indienne 80479
Quolombe	130862	noir-zain	1916	Kontemporain 91579	Noue 114433
Quolombe	131921	gris-noir	1916	Deuvreur-ex-Couvreur 58335	Hémiopie 76892
Quolombia	130867	noir-zain	1916	Laceron 98868	Majestueuse 67859
Quolombine	130210	noire	1916	Labruty 99249	Kagosse 92657
Quolombine	130310	noire	1916	Mercy 105783	Matraque 109883
Quolombine	130869	grise	1916	Célibat 64968	Insurmontable 82234
Quolombine	131923	gris-foncé	1916	Instar 78857	Marmitée 110353
Quolone	130870	gr. vin. f.	1916	Huitain 73993	Biche 50687
Quolonelle	130313	noire	1916	Kroquet 91851	Gardienne 70622
Quolonelle	131925	grise	1916	Douvreur-ex-Couvreur 58335	Kousue 95916
Quolonette	130318	grise	1916	Logis 99269	Janicule 87387
Quoloniale	130314	gr. tr. f.	1916	Kroquet 91851	Muscadelle 106686
Quoloniale	131926	gr. foncé	1916	Instar 78857	Lavinie 102895
Quolonie	130312	gris clair	1916	Kontemporain 91579	Charlotte 58466
Quolonie	131928	grise	1916	Lot 100380	Ketmie 94644
Quolonnade	131930	grise	1916	Muet 109445	Gitane 72104
Quoloane	130315	grise	1916	Kroquet 91851	Margot 52259
Quolonne	130876	grise	1916	Célibat 64968	Impartiale 80981
Quolonne	131875	gris-noir	1916	Muet 109445	Larche 102863
Quolophane	130319	bai-foncé	1916	Limon 99810	Luce 101299
Quoloquinte	130320	grise	1916	Logis 99269	Ligroine 99814
Quolorée	130323	noire	1916	Logis 99269	Binette 61432
Quolorée	131951	grise	1916	Mulassier 110853	Gauloise 72705
Quolossale	129301	grise	1916	Képi 91690	Lagueule 99061
Quolossale	131960	grise	1916	Koncours 93133	Finance 67476
Quolumelle	130324	grise	1916	Logis 99269	Laure 99424
Quolumelle	130871	noir-zain	1916	Huitain 73993	Vestale 56766

NOM	N°	ROBE	Naissance	PÈRE	MÈRE
Quolumelle	131961	grise	1916	Koncours 93133	Menace 110372
Quolure	131962	noire	1916	Koncours 93133	Herseigne 75796
Quomanche	130872	noire	1916	Huitain 73993	Mouvette 57642
Quomande	130334	grise	1916	Limon 99810	Mascotte 108288
Quomateuse	130326	gris-foncé	1916	Limon 99810	Monéta 109357
Quomateuse	131963	noire	1916	Montretout 106337	Cassette 60653
Quombe	130327	noire	1916	Lieuvin 103348	Milady 107837
Quombe	131968	noire	1916	Jointif 87256	Héloïse 77687
Quomble	130877	noire	1916	Laceron 98868	Javelotte 87983
Quembraille	130878	noire	1916	Mordicant 110698	Javeline 87984
Quombrière	131970	grise	1916	Jointif 87256	Charlotte 60179
Quombustion	131971	grise	1916	Jointif 87256	Hispanie 77701
Quome	130879	noire	1916	Laceron 98868	Automobile 51444
Quomédie	130329	grise	1916	Lumineux 100865	Indécise 78740
Quomédie	130880	noire	1916	Laceron 98868	Lienne 103305
Quomédie	131972	grise	1916	Jointif 87256	Lanterne 104307
Quomédienne	130330	gris-foncé	1916	Logis 99269	Musculeuse 67822
Quomédienne	131974	grise	1916	Montretout 106337	Latomie 101784
Quomády	129046	grise	1916	Jallien 86306	Vareuse 59303
Quomète	130331	grise	1916	Logis 99269	Grenade 70690
Quomète	131975	n. m. l. z.	1916	Montretout 106337	Idéale 98237
Quomine	130882	gris-noir	1916	Laceron 98868	Lutteuse 103304
Quomitiale	131977	gris-bleu	1916	Limonadier 101461	Effrenée 58399
Quommande	131982	noire	1916	Koncours 93133	Herbière 77467
Quommandite	131983	grise	1916	Koncours 93133	Lavallière 101799
Quomme	130885	noire	1916	Laceron 98868	Millième 108411
Quommende	131987	grise	1916	Montretout 106337	Hella 98354
Quommensale	131989	alezan-br.	1916	Lettré 104631	Menotte 110397
Quommère	130337	grise	1916	Limon 99810	Kassation 91032
Quommère	131990	noire	1916	Montretout 106337	Hottée 75770
Quommode	130338	noire	1916	Lieuvin 103348	Léna 100970
Quommode	130886	noire	1916	Célibat 64968	Laminerie 101715
Quommune	130339	grise	1916	Logis 99269	Condette 55197
Quommune	130888	noire	1916	Célibat 64968	Illusoire 82261
Quommune	131995	noir m. t.	1916	Lazarre 104493	Mulsion 109465
Quomode	129832	grise	1916	Lapsus 99303	Galopette 69366
Quomore	130890	gris-fer f.	1916	Laceron 98868	Marquise 47907
Quompacte	131998	gr. c. d. m.	1916	Keris 93769	Kouple 95882
Quompagne	130343	noire	1916	Lumineux 100865	Formose 98141
Quompagne	131996	grise	1946	Keris 93769	Pomponnette 60198
Quompagnie	130892	noire	1916	Célibat 64968	Faisante 67702
Quompagnie	131999	gris-foncé	1916	Lettré 104631	Ibéride 83166
Quompassée	132000	gris-foncé	1916	Lettré 104631	Lignée 104437
Quompassion	132002	grise	1916	Myrmidon 109533	Hative 77302
Quompiègne	130896	noir m. t.	1916	Mordicant 115698	Kouperose 95880

NOM	N°	ROBE	Naissance	PÈRE	MÈRE
Quompitale	132003	grise	1916	Lettré 104631	Jarretière 64617
Quomplainte	132004	grise	1916	Kéris 93769	Bienvenue 67477
Quomplète	130344	grise	1916	Lumineux 100865	Mayenne 111403
Quomplète	132005	noir m. t.	1916	Jan 84219	Mulasserie 110841
Quomponnée	132008	grise	1916	Myrmidon 109533	Muscade 109481
Quomporte	132019	grise	1916	Kéris 93769	Litorne 101522
Quomposée	130347	noire	1916	Limon 99810	Mimologie 107849
Quompote	130348	noire	1916	Limon 99810	Milanaise 105198
Quompote	132013	grise	1916	Lascif 103725	Ida 84481
Quompresse	130349	noire	1916	Limon 99810	Néologie 114738
Quompresse	132014	noir m. t.	1916	Mercy 105783	Joncquerette 87872
Quomprimée	132016	grise	1916	Mercy 105783	Kaline 97647
Quomprise	132015	grise	1916	Loris 100377	Irénée 93505
Quompteuse	132020	grise	1916	Jan 84219	Muserolle 109500
Quomtadine	132023	grise	1916	Lettré 104631	Klairville 96519
Quomtale	130351	grise	1916	Logis 99269	Havanaise 77133
Quomtale	132024	grise	1916	Lettré 104631	Koussinette 92788
Quomtesse	130354	noire	1916	Lustre 99965	Poulotte 48166
Quomtesse	130897	noir m. t.	1916	Mordicant 110698	Gaule 71699
Quomtesse	132025	grise	1916	Lettré 104631	Joyeuse 55838
Quomtoise	132029	noire	1916	Maet 109445	Minime 108526
Quomune	130342	noire	1916	Limon 99810	Mentelle 105137
Quoncession	132033	gris-foncé	1916	Kaxton 96514	Harengère 77443
Quonche	130898	grise	1916	Célibat 64968	Rose 73407
Quonchite	132034	gris foncé	1916	Myrmidon 109533	Jaure 87537
Quonciergerie	130899	noire	1916	Célibat 64968	Laide 100583
Quoncise	130358	grise	1916	Limon 99810	Robine 54194
Quoncise	132038	grise	1916	Kéris 93769	Hinique 76687
Quoncision	132039	grise	1916	Kéris 93769	Juteuse 87365
Quoncorde	130901	noire	1916	Célibat 64968	Légère 103081
Quoncorde	132042	grise	1916	Lettré 104631	Marthe 109647
Quoncrète	130362	gris foncé	1916	Limon 99810	Janicule 86150
Quoncrète	132043	grise	1916	Lettré 104631	Limoselle 101475
Quoncubine	130363	noire	1916	Lustre 99965	Krète 91416
Quondition	130366	noire	1916	Lustre 99965	Krosse 93689
Quondition	132050	noire	1916	Lettré 104631	Gnelle 98631
Quonduction	132052	grise	1916	Kaxton 96514	Rosalie 64583
Quonductrice	130369	grise	1916	Limon 99810	Disette 65509
Quonductrice	132051	grise	1916	Lettré 104631	Lingère 101487
Quonduite	130367	noire	1916	Lustre 99965	Guêpe 97131
Quonduite	132053	noire	1916	Marceau 107660	Jamaïque 98251
Quondylienne	132054	grise	1916	Marceau 107660	Mutuelle 109520
Quonfection	132056	grise	1916	Kaxton 96514	Murmurante 109486
Quonfédération	130905	bai brun	1916	Lanier 101743	Kairouanne 95245
Quonférence	130907	grise	1916	Lanier 101743	Malacca 109396

NOM	N°	ROBE	Naissance	PÈRE	MÈRE
Quonférence	132057	noire	1916	Leris 100377	Iris 56037
Quonferve	132060	grise	1916	Kaxton 96514	Pelote 93491
Quonfiance	130063	grise	1916	Michton 105710	Visière 64146
Quonfiance	132061	gris-foncé	1916	Lettré 104631	Julia 87487
Quonfiante	132064	grise	1916	Kaxton 96514	Neuvialle 117402
Quonfidence	130910	gris-foncé	1916	Huitain 73993	Lacaune 103533
Quonfidence	132065	grise	1916	Kaxton 96514	Konfusion 95771
Quonfidente	132070	gris-foncé	1916	Kobez 96324	Hie 77713
Quonfite	130379	noire	1916	Marinier 107253	Institutrice 78647
Quonfite	132071	gris-foncé	1916	Lettré 104631	Hévée 77717
Quonfiture	130377	grise	1916	Lacaunon 100857	Mouvette 49998
Quonfiture	132073	gris f. f.	1916	Kaxton 96514	Lionne 101502
Quonfluence	132074	grise	1916	Mimosa 109651	Thérèse 51386
Quonfrérie	130912	noir l. r.	1916	Mordicant 110698	Impression 78813
Quonfrérie	132077	grise	1916	Lettré 104631	Estelle 45988
Quonfuse	130381	noire	1916	Libéral 100349	Monade 106875
Quonfuse	132080	noire	1916	Loquace 104466	Madeira 109589
Quonfusion	130382	grise	1916	Kontus 93623	Kourtine 91357
Quonfusion	132082	grise	1916	Lettré 104631	Hardie 90126
Quongérie	132083	grise	1916	Lettré 104631	Chaton 53624
Quongestive	132084	gris-foncé	1916	Keris 93769	Lippe 101509
Quongolaise	130383	grise	1916	Loiret 99645	Jaqueline 85907
Quongrue	130385	gris-foncé	1916	Korallien 91611	Labelle 99251
Quongrue	132086	baie	1916	Kaxton 96514	Isabelle 83034
Quongruence	132087	noir-rub.	1916	Mathias 104878	Kathargol 97230
Quongruente	132089	noir-rub.	1916	Loquace 104466	Hôtesse 77498
Quongruité	132088	grise	1916	Lettré 104631	Lisière 101512
Quonicine	130389	grise	1916	Kontus 93623	Chaton 50418
Quonicine	132094	noire	1916	Mérovingien 104826	Isaure 83037
Quonicité	132096	grise	1916	Mathias 104878	Kaptive 96477
Quonidie	130388	noire	1916	Kontus 93623	Laboureuse 100560
Quonidie	132100	noir-zain	1916	Mathias 104878	Jahde 98249
Quonine	130386	grise	1916	Kontus 93623	Konspuée 92965
Quonine	132095	noir l. r.	1916	Mathias 104878	Isare 83036
Quonjointe	130390	noire	1916	Kontus 93623	Sariette 58569
Quonjointe	132105	grise	1916	Myrmidon 109533	Naleza 114551
Quonjuration	130914	alezane	1916	Mordicant 110698	Chimère 66528
Quonjurée	132742	grise	1916	Kontus 93623	Rosette 49901
Quonlie	130913	noir-zain	1916	Mordicant 110698	Madère 57549
Quonnexion	132106	gris-foncé	1916	Lettré 104631	Lanoue 102822
Quonnue	130393	grise	1916	Languier 100640	Margot 58273
Quonoïde	130405	noire	1916	Kontus 93623	Larosaie 100566
Quonque	130395	noir-zain	1916	Kontus 93623	Ragotte 47965
Quonque	130916	n. m. f.	1916	Minuit 107582	Junia 84609
Quonquête	130397	noir-zain	1916	Loiret 99645	Lady 100578

NOM	N	ROBE	Naissance	PÈRE	MÈRE
Quonquise	130399	grise	1916	Kontus 93623	Modane 105212
Quonscience	130404	grise	1916	Languier 100640	Biche 53657
Quonscience	130917	gris-noir	1916	Minuit 107582	Hirondelle 54670
Quonsciente	132116	grise	1916	Karliz 96713	Gondole 72952
Quonscription	130400	grise	1916	Guignolet 70023	Kouseuse 91368
Quonseillère	130402	grise	1916	Korallien 94611	Lueur 100414
Quonseillère	132114	grise	1916	Kolomb 96547	Haste 87773
Quonserve	130407	gris-foncé	1916	Guignolet 70023	Loquace 100441
Quonsigne	129299	gris-foncé	1916	Fier-à-Bras 65250	Kouteuse 90600
Quonsigne	130408	grise	1916	Kontemporain 91579	Liaison 98715
Quonsole	129582	grise	1916	Lapereau 100259	Biche 81782
Quonsole	130410	grise	1916	Kontus 93623	Globule 70742
Quonsonne	130411	noir-zain	1916	Kontus 93623	Konscience 91561
Quonsonne	132120	noire	1916	Karliz 96713	Lyonnaise 102046
Quonsoude	130413	grise	1916	Guignolet 70023	Histoire 75715
Quonsoude	132121	noire	1916	Marguillier 107679	Lurette 101047
Quonstance	130415	noire	1916	Loiret 99645	Lisette 57417
Quonstance	130918	gris-fer-f.	1916	Minuit 107582	Elmire 59986
Quonstance	132122	grise	1916	Marguillier 107679	Ilia 98243
Quonstante	130417	grise	1916	Kontus 93623	Irlande 80958
Quonstante	132123	grise	1916	Jan 84219	Joueuse 87276
Quonstantine	130921	bai-brun	1916	Célibat 64968	Margot 57930
Quonstellée	130416	grise	1916	Loiret 99645	Gaza 69770
Quonsulte	130418	grise	1916	Languier 100640	Kadence 90522
Quonsulte	132128	gris-fer	1916	Jan 84219	Joppe 87456
Quontade	130922	noire	1916	Minuit 107582	Biche 63645
Quontadine	130419	grise	1916	Languier 100640	Bichette 58324
Quontadine	132129	gris-foncé	1916	Laguis 100589	Vigoureuse 64559
Quontagion	130420	grise	1916	Kontus 93623	Houi 74552
Quontagion	132130	grise	1916	Lascif 103725	Lancette 44007
Quantenance	132133	gris-foncé	1916	Kaxton 96514	Méquinez 109609
Quontente	130421	grise	1916	Fier-à-Bras 65250	Navigation 111975
Quontente	132134	gris foncé	1916	Mercy 105783	Kadora 97269
Quontenue	130426	noire	1916	Languier 100640	Mélodie 64875
Quontenue	132138	grise	1916	Lettré 104631	Kyrielle 96330
Quonteste	132140	grise	1916	Jan 84219	Kysteuse 96332
Quonteuse	130427	grise	1916	Lilas 99350	Ignatie 79692
Quonteuse	132141	noire	1916	Jan 84219	Poule 43404
Quontinance	130429	noire	1916	Languier 100640	Mandille 107938
Quontinence	132142	grise	1916	Michel 105189	Leçon 101821
Quontinente	130430	grise	1916	Koucou 91328	Pélagie 58644
Quontinente	132143	grise	1916	Laurent 104533	Koronia 97259
Quontinue	132144	n. m. t. z.	1916	Laurent 104533	Margot 98226
Quontinuité	132146	grise	1916	Marguillier 107679	Noyellette 116719
Quontorsion	130435	grise	1916	Lucumon 100857	Kroyance 91449

NOM	N°	ROBE	Naissance	PÈRE	MÈRE
Quontorsion	132148	gris foncé	1916	Laurent 104533	Impétueux 82817
Quontre	130439	noire	1916	Languier 100640	Gabès 70290
Quontrebande	132150	grise	1916	Karapath 97283	Lépiote 101853
Quontrebasse	132152	gris foncé	1916	Kouli 97151	Marieportier 64718
Quontrée	130453	grise	1916	Languier 100640	Biche 53743
Quontrée	132153	grise	1916	Marguillier 107679	Konserve 95790
Quontrite	130454	grise	1916	Languier 100640	Cévenne 58655
Quontrite	132155	gr. lég. v.	1916	Karliz 96713	Kampanie 96455
Quontrition	130455	noire	1916	Languier 100640	Castille 53563
Quontrition	132157	grise	1916	Marguillier 107679	Lafosse 102778
Quontumace	130457	noire	1916	Fier-à-Bras 65250	Mazurka 62812
Quontuse	130458	noire	1916	Fier-à-Bras 65250	Minute 106803
Quontuse	132160	grise	1916	Importun 80576	Marsanne 109637
Quontusion	130459	noire	1916	Fier-à-Bras 65250	Coquette 61220
Quontusion	132161	grise	1916	Kolomb 96547	Nuit 118374
Quonvenable	130460	grise	1916	Fiers-à-Bras 65250	Alerte 58037
Quonvenance	130462	grise	1916	Kalot 92507	Latente 101776
Quonvention	130465	grise	1916	Mentor 106385	Montagne 107431
Quonvention	130924	noire	1916	Mordicant 110698	Violette 56582
Quonvention	132164	gris-foncé	1916	Kolomb 96547	Iéna 82983
Quonverse	130470	baie	1916	Képi 91690	Idotée 80278
Quonverse	132165	gr. l. vin.	1916	Jan 84219	Charlotte 60688
Quonversion	130471	noire	1916	Képi 91690	Musette 105324
Quonversion	132166	grise	1916	Kobez 96324	Martiale 109648
Quonvertie	130472	grise	1916	Kalot 92507	Laverie 100696
Quonvertie	132169	noire	1916	Lazarre 104493	Kabylienne 97267
Quonvexe	130473	grise	1916	Guignolet 70023	Judée 84118
Quonviction	132170	gris-foncé	1916	Jan 84219	Junte 86717
Quonviée	130476	noire	1916	Mirabeau 109361	Goguette 93285
Quonviée	132171	noir m. t.	1916	Lascif 103725	Ladye 68291
Quonvocation	132172	grise	1916	Kolomb 96547	Kalouga 96358
Quonvoitise	130479	grise	1916	Mirabeau 109361	Bijou 61326
Quonvulsée	132177	grise	1916	Mercy 105783	Jurisprudence 87506
Quonvulsion	132178	alez. lavé	1916	Karapath 97283	Irun 83027
Quoolie	130480	grise	1916	Kontemporain 91579	Kuite 91886
Quope	130928	gris-foncé	1916	Huitain 73993	Galgala 73094
Quopie	130481	grise	1916	Kontemporain 91579	Méduse 105119
Quopie	132180	grise	1916	Mercy 105783	Coquette 61052
Quopieuse	130484	grise	1916	Kalot 92507	Gibelotte 70057
Quopieuse	132184	gris-foncé	1916	Marguillier 107679	Liceuse 101909
Quopiste	130486	noire	1916	Komplex 91539	Janie 85733
Quopiste	132187	noire	1916	Importun 80576	Brillante 60631
Quoppélia	130934	gris-noir	1916	Lorientais 103276	Ida 81084
Quopra	132197	grise	1916	Importun 80576	Molette 110004
Quoprine .	130488	grise	1916	Mirabeau 109361	Kamargue 90900

NOM	N°	ROBE	NAISSANCE	PÈRE	MÈRE
Quoprine	132188	bai m. z.	1916	Kidney 96741	Koralline 95014
Quopulative	132189	baie	1916	Importun 80576	Kermesse 96695
Quopule	130489	grise	1916	Libéral 100349	Impatiente 81317
Quopula	132190	noire	1916	Maudit 106271	Frise 93517
Quoque	130491	noire	1916	Lambeau 101706	Lapie 99628
Quoque	130938	gr. tr. f.	1916	Minuit 107582	Méotide 109328
Quoque	132192	grise	1916	Lédon 101823	Navigation 117617
Quoque	132234	grise	1916	Guillaume-Tell 72926	Minerve 111289
Quoquecigrue	132193	noir m. t.	1916	Importun 80576	Lignette 104221
Quoqueleuse	132194	grise	1916	Marguillier 107679	Thibériade 49934
Quoqueline	129710	noir m. t.	1916	Lescapé 99345	Lavage 97962
Quoquelourde	132195	grise	1916	Importun 80576	Mathilde 109669
Quoqueluche	130495	gris-clair	1916	Libéral 100349	Konstance 91997
Quoqueluche	132198	grise	1916	Importun 80576	Lucette 64703
Quoquerelle	130496	gris-clair	1916	Libéral 100349	Harpette 74035
Quoquerelle	132199	grise	1916	Marguillier 107679	Charmante 50699
Quoquerie	130469	grise	1916	Képi 91690	Huche 76468
Quoquerie	132203	noir m. t.	1916	Laguis 100589	Nécessité 117626
Quoqueterie	130923	gris-bleu	1916	Lalo 100197	Poule 53639
Quoquetière	130503	grise	1916	Kontemporain 91579	Frisette 64917
Quoquetière	132206	grise	1916	Mercy 108783	Lutinerie 102727
Quoquette	128959	noire	1916	Kontemporain 91579	Goguette 97139
Quoquette	129149	grise	1916	Kalot 92507	Mésange 107772
Quoquette	129826	grise	1916	Koucou 91328	Kokodile 90461
Quoquette	130497	gris-foncé	1916	Kontemporain 91579	Négresse 53810
Quoquette	132205	grise	1916	Lascif 103725	Polka 57484
Quoquetterie	132207	baie	1916	Lascif 103725	Ligule 101448
Quoquiète	130502	gris-clair	1916	Kontemporain 91579	Korrida 91288
Quoquille	130504	noire	1916	Guignolet 70023	Divette 62948
Quoquille	130940	noire	1916	Lanier 101743	Harmoun 73723
Quoquille	132208	gris-foncé	1916	Lascif 103725	Ida 83082
Quoquine	130507	noir l. r.	1916	Guignolet 70023	Rose 53605
Quoquine	132210	grise	1916	Laguis 100589	Indienne 62278
Quoquinerie	130508	noir zain	1916	Kontemporain 91579	Lascive 101771
Quoquinerie	132211	baie	1916	Kolomb 96547	Maison 107597
Quorah	130041	grise	1916	Lescapé 99345	Jetée 86509
Quoraillère	130510	grise	1916	Kontemporain 91579	Krue 91863
Quoraillere	132212	grise	1916	Kolomb 96547	Nèfle 117642
Quorallienne	132213	grise	1916	Kolomb 96547	Jézraël 87435
Quoralline	130513	noire	1916	Lapereau 100259	Komère 93103
Quoralline	132214	grise	1916	Kolomb 96547	Inde 83092
Quorbeille	130514	noire	1916	Lapereau 100259	Lucarne 99927
Quorbeille	132215	noir m. t.	1916	Marquis 110280	Janicule 98252
Quorbie	130941	noir-zain	1916	Lanier 101743	Médecine 109829
Quorbière	130944	gris-foncé	1916	Lalo 100197	Rochette 55127

NOM	N°	ROBE	Naissance	PÈRE	MÈRE
Quorbinière	129655	noire	1916	Mameluck 105511	Luette 99795
Quorbinière	132288	grise	1916	Marceau 107660	Indienne 83238
Quorbonnière	129580	noir-zain	1916	Lods 106359	Lesse 98703
Quorcyre	130946	noire	1916	Minuit 107582	Lâcheuse 63509
Quordaïte	130515	gris foncé	1916	Lapereau 100259	Grive 90219
Quordaïte	132219	gris-foncé	1916	Jan 84219	Licette 104499
Quorday	130950	gris foncé	1916	Célibat 64968	Mâture 108446
Quorde	130516	grise	1916	Mylord 107421	Jeannette 75056
Quorde	130947	noire	1916	Minuit 107582	Mirabelle 106196
Quorde	132220	grise	1916	Jan 84219	Mélusine 109715
Quordée	130517	grise	1916	Mylord 107421	Hermine 74937
Quordée	132221	grise	1916	Jan 84219	Lichia 101913
Quordellère	132225	noire	1916	Mercy 105783	Lapalisse 102826
Quordelle	129581	gris f. v.	1916	Lasso 103951	Mandchourie 106027
Quordelle	130522	grise	1916	Mirabeau 109361	Juliette 86189
Quordelle	132226	noir m. t.	1916	Mercy 105783	Malvacée 110196
Quordelette	130519	noire	1916	Kontemporain 91579	Lacerie 101651
Quordelette	132222	alezane	1916	Mercy 105783	Leveuse 104149
Quorderie	130523	noire	1916	Mirabeau 109361	Korpulence 91287
Quorderie	132230	grise	1916	Kascif 103725	Dragonne 59681
Quordiale	130524	grise	1916	Mirabeau 109361	Latérale 101778
Quordiale	132231	grise	1916	Maquis 110284	Gauloise 81830
Quordialité	130525	noire	1916	Kalat 92507	Kapitale 90757
Quordialité	132233	grise	1916	Maquis 110284	Coquette 47984
Quordillière	130948	grise	1916	Ivan 81244	Charmante 97070
Quordoba	130949	gris-bleu	1916	Ivan 81244	Miellée 106542
Quordoue	130950	gris-fer	1916	Ivan 81244	Coquette 56577
Quorée	130951	noire	1916	Lanier 101743	Hyode 98479
Quoréenne	130535	gris-clair	1916	Lasso 103951	Lignée 100057
Quoréenne	132237	alezane	1916	Japon 84819	Coquette 50339
Quorète	130538	grise	1916	Laboureur 104443	Lancette 101728
Quorète	132240	noire	1916	Loto 104424	Rosette 54328
Quoriace	132244	grise	1916	Lapsus 104417	Etincelle 64907
Quoriacée	130539	grise	1916	Illettré 81310	Goyave 71072
Quorinne	130954	noire	1916	Minuit 107582	Kerblanche 95342
Quorinthe	130961	grise	1916	Célibat 64968	Hative 77155
Quoriole	130965	noire	1916	Lorientais 103276	Kervela 95107
Quoriza	129020	grise	1916	Lescapé 99343	Liane 98677
Quorlaye	129099	alezane	1916	Menu 105555	Castille 57345
Quorme	130543	grise	1916	Lalo 100197	Java 66943
Quorma	132246	grise	1916	Mulet 110858	Lieutenant 101927
Quormeille	130962	noire	1916	Lorientais 103276	Hirma 98477
Quormière	130735	noire	1916	Iowa 80989	Laréole 101551
Quormière	131085	n. m. t. r.	1916	Jouillat 88642	Inactive 82307
Quornaline	130547	gris-clair	1916	Labratty 99249	Révense 57943

NOM	N°	ROBE	Naissance	PÈRE	MÈRE
Quornaline	132247	grise	1916	Maquis 110284	Meunière 110499
Quorne	132249	grise	1916	Marguillier 107679	Houlette 98635
Quornée	132253	gris-foncé	1916	Kolomb 96547	Coquette 98222
Quorneille	130549	noire	1916	Japon 84819	Castille 54297
Quorneille	130963	gris-noir	1916	Mordicant 110698	Méduse 108447
Quorneille	131146	gris-bleu	1916	Jouillat 88642	Trompette 65620
Quorneille	132254	grise	1916	Importun 80576	Née 116846
Quornélie	130968	noire	1916	Lagor 100512	Havraine 73688
Quornemuse	130550	noire	1916	Képi 91690	Lacune 101669
Quornemuse	132257	grise	1916	Mimosa 109651	Lutine 102724
Quornette	129114	grise	1916	Montretout 106337	Hippique 76669
Quornette	130551	noire	1916	Morlaix 105709	Justine 64020
Quornette	132258	grise	1916	Lazarre 104493	Bichette 75167
Quorniche	130552	noire	1916	Fier-à-Bras 65250	Paquerette 61322
Quorniche	132262	grise	1916	Importun 80576	Jacquerie 98248
Quornière	130553	gris-clair	1916	Képi 91690	Jocasse 83717
Quornillère	131055	gris-foncé	1916	Loyal 99953	Clotilde 58735
Quornouaille	130970	grise	1916	Laceron 98868	Kératite 92423
Quornouille	130556	noire	1916	Lilas 99350	Héléna 76819
Quornue	130555	noire	1916	Képi 91690	Juine 86575
Quornue	132264	alezane	1916	Importun 80576	Imola 82997
Quorogne	130971	gris-foncé	1916	Kontemporain 91579	Fleurie 60839
Quorolle	130557	noir m. t.	1916	Képi 91690	Moleskine 106014
Quoronale	130558	gris tr. f.	1916	Lilas 99350	Isba 81346
Quoronille	130560	grise	1916	Képi 91690	Kenouille 92180
Quoronille	132266	grise	1916	Menu 105555	Nouille 111621
Quorporation	130975	noire	1916	Mordicant 110698	Lastuce 100793
Quorpulence	132272	gris-foncé	1916	Loris 100377	Karikale 92609
Quorpulente	130564	grise	1916	Képi 91690	Kavale 91202
Quorrégidor	132275	grise	1916	Loris 100377	Noise 116992
Quorrèze	130874	bai-marr.	1916	Mathématicien 106251	Marivonne 105374
Quorrida	130565	gris-clair	1916	Képi 91690	Lafugue 99106
Quorrida	132276	grise	1916	Loris 100877	Imola 83214
Quorroirie	132278	grise	1916	Luron 97902	Iseline 80893
Quorrosive	132279	grise	1916	Muet 109445	Pauline 43037
Quorse	130982	bai-brun	1916	Lichas 98731	Lozère 104759
Quorsée	130566	gris-foncé	1919	Morlaix 105709	Messe 105586
Quorsée	132284	noire	1916	Muet 109445	Ingénue 82857
Quorsetière	130567	gris-clair	1916	Morlaix 105709	Pelote 54344
Quortès	130575	gris-clair	1916	Fier-à-Bras 65250	Tricoteuse 54702
Quortès	132286	noire	1916	Marceau 107660	Kamille 96446
Quorticale	130569	noire	1916	Morlaix 105709	Machure 104970
Quorticale	132287	grise	1916	Marceau 107660	Néphrite 117684
Quortone	130983	gris-foncé	1916	Lichas 98731	Kroute 92294
Quorvée	129388	grise	1916	Logis 99269	Judicature 84618

NOM	N°	ROBE	Naissance	PÈRE	MÈRE
Quorvéa	130572	grise	1916	Fier-à-Bras 65250	Mouvette 47709
Quorvéa	132290	noire	1916	Muet 109445	Myrrhe 109532
Quorvette	129116	noire	1916	Menu 105555	Impératrice 59182
Quorvette	130573	noire	1916	Fier à-Bras 65250	Gillonne 42812
Quorvette	132292	noire	1916	Masséna 105113	Isabelle 80887
Quosécante	130577	gris-clair	1916	Illettré 81310	Sorbonne 67002
Quosécante	132293	noire	1916	Masséna 105113	Lara 102862
Quoséquence	132118	grise	1916	Marguillier 107679	Juliana 88730
Quosme	130989	noire	1916	Lichas 98731	Indigne 83520
Quosnardière	130995	noir-zain	1916	Célibat 64968	Grincheuse 72737
Quosnardine	131130	noire	1916	Célibat 64968	Lorraine 63326
Quosne	130990	gris bleu	1916	Lichas 98731	Kinco 95160
Quosse	130578	bai tr. f.	1916	Laboureur 104443	Kinine 92230
Quossette	129104	noire	1916	Logis 99269	Rentière 64055
Quossue	130580	gris clair	1916	Laboureur 104443	Lapointe 99416
Quossue	132298	gris-foncé	1916	Koncours 93133	Héna 75389
Quostale	130581	noire	1916	Laboureur 104443	Lanice 98685
Quostale	132302	grise	1916	Koncours 93133	Moisière 107811
Quostumée	130584	gris-clair	1916	Libéral 100349	Wladi 63606
Quote	130115	noire	1916	Laboureur 104443	Hautaine 73595
Quôte	130587	noire	1916	Guignolet 70023	Lavalette 100530
Quôte	130996	gris-fer f.	1916	Mirabeau 109361	Huppe 77187
Quote	132303	grise	1916	Monnier 108821	Rosette 50113
Quote	132732	gris-foncé	1916	Laurent 104533	Mare 109608
Quôtelée	130588	gris-foncé	1916	Libéral 100349	Charmante 61311
Quôtelette	132306	grise	1916	Monnier 108821	Julie 90234
Quotepart	129255	grise	1916	Lalo 100197	Kourcelle 92030
Quotepart	130127	gr. f. vin.	1916	Laboureur 104443	Kolombinette 89894
Quotepart	131296	grise	1916	Korallien 91611	Lisette 54235
Quotepart	131662	baie	1916	Ichneumon 80679	Mornon 107590
Quotepart	132724	gr. tr. f.	1916	Maquis 110284	Coquette 53593
Quoterie	130589	noir-zain	1916	Lalo 100197	Latérale 100675
Quoterie	132310	grise	1916	Instar 78857	Konséquence 95789
Quotice	132311	grise	1916	Marceau 107660	Guillemine 72092
Quotidienne	129066	grise	1916	Jallieu 86306	Lunaison 100423
Quotidienne	129248	grise	1916	Guignolet 70023	Jubine 57397
Quotidienne	131663	gr. tr. f.	1916	Maudit 106271	Julia 85368
Quotidienne	132561	grise	1916	Barnac 51162	Marée 111136
Quotidienne	132611	noire	1916	Kabestan 94208	Karmina 95959
Quôtière	130590	gr. tr. cl.	1916	Lalo 100197	Cocotte 55288
Quôtière	130932	noire	1916	Huitain 73993	Jaretière 87947
Quôtière	132312	grise	1916	Instar 78857	Indienne 96933
Quôtinière	129606	grise	1916	Kroquet 91851	Laie 100168
Quôtinière	131048	noire	1916	Célibat 64968	Loyale 103101
Quotisation	132313	grise	1916	Loris 100377	Manutention 110278

NOM	N°	ROBE	Naissance	PÈRE	MÈRE
Quotissure	132314	grise	1916	Myrmidon 109533	Messène 104819
Quotité	128782	gr. fer f.	1916	Huitain 73993	Guindée 73103
Quotité	129253	gris-clair	1916	Kalot 92507	Hulotte 67045
Quotité	130218	gris-foncé	1916	Josué 88841	Guigne 71355
Quotité	131664	noire	1916	Lamantin 103615	Glorieuse 72042
Quotité	131937	gr. tr. f.	1916	Kabestan 94208	Libellule 104333
Quotité	132758	noir-zain	1916	Lucumon 100857	Kaolinique 89667
Quotonnade	132315	grise	1916	Myrmidon 109533	Louise 64734
Quotonne	130592	gris-clair	1916	Lalo 100197	Méfiante 107639
Quotonne	132320	grise	1916	Jan 84219	Bijou 84471
Quotonnerie	130594	gris-foncé	1916	Jean qui rit 88772	Germaine 98054
Quotonnette	130593	noire	1916	Labruty 99249	Logette 57191
Quotonnette	132323	grise	1916	Loquace 104466	Janina 98584
Quotte	130595	bai-foncé	1916	Lalo 100197	Karabe 90786
Quotte	132325	noire	1916	Marguillier 107679	Lisa 49345
Quototutrice	130596	gris-foncé	1916	Kontemporain 91579	Charmante 54398
Quototutrice	132329	grise	1916	Instar 78857	Héberge 77893
Quotyle	130598	gris-clair	1916	Mirabeau 109361	Galante 84281
Quouarde	130601	gris-clair	1916	Kontemporain 91579	Muette 107031
Quouarde	132330	gris foncé	1916	Lascif 103725	Mignonne 75009
Quoubre	130999	gris-fer	1916	Lichas 98731	Mouignette 105248
Quouche	130604	noire	1916	Guignolet 70023	Fauvette 66605
Quouche	132334	grise	1916	Lysias 103555	Guitare 72100
Quoucbète	130608	noir-zain	1916	Kontemporain 91579	Taupette 55334
Quoudée	130607	bai-zain	1916	Képi 91690	Naucore 112675
Quoudée	132336	grise	1916	Douvreur ex-Couvreur 58335	Karacole 97489
Quoudraie	132337	grise	1916	Kourlis 95894	Intempérie 79919
Quoudre	130372	gr. tr. cl.	1916	Libéral 100349	Janicule 85587
Quoudrelle	132047	grise	1916	Lettré 104631	Ivoire 83111
Quoudrette	130612	gris tr. f.	1916	Lambeau 101706	Journée 86362
Quoudrette	132338	gris foncé	1916	Kourlis 95894	Eolienne 98219
Quouenne	132339	noire	1916	Kourlis 95894	Jambette 87183
Quouette	130273	grise	1916	Ivan 81244	Jougne 88599
Quouette	131891	noire	1916	Muet 109445	Laplume 102860
Quouette	132340	gris-foncé	1916	Kourlis 95894	Muscade 64713
Quouffe	132342	grise	1916	Loquace 104466	Jaserie 89093
Quouiza	131003	grise	1916	Laceron 98868	Jarosse 98500
Quoulange	131004	gris-foncé	1916	Mirabeau 109361	Pelotte 81778
Quoulante	132343	noire	1916	Loquace 104466	Japre 89091
Quoule	132345	grise	1916	Millerand 108519	Loterie 102634
Quoulée	132348	noire	1916	Millerand 108519	Kiésérite 96306
Quouleur	132349	noire	1916	Loquace 104466	Judith 60654
Quouleuvre	130613	noire	1916	Kalot 92507	Muguette 107032
Quouleuvre	132351	grise	1916	Mathias 104878	Lina 103936
Quouleuvrine	132352	grise	1916	Loquace 104466	Castille 54456

NOM	N°	ROBE	Naissance	PÈRE	MÈRE
Quouline	132355	grise	1916	Loquace 104466	Devise 75084
Quoulisse	130614	gr. tr. cl.	1916	Kalot 92507	Neige 112727
Quoulisse	132356	grise	1916	Montesquieu 110090	Lubie 103971
Quouloire	132357	noir zain	1916	Lapsus 104417	Missketty 111324
Quoulvandrie	131553	noire	1916	Lion 100756	Mine 110557
Quoumassie	131006	noire	1916	Juvénal 83553	Harpagonne 77216
Quoupe	132360	grise	1916	Mathias 104878	Couronne 61281
Quoupée	132365	grise	1916	Moulins 108273	Laveur 101803
Quoupelle	132752	noire	1916	Kourlis 95894	Mameluc 110204
Quouperose	132638	noire	1916	Kourlis 95894	Incision 82100
Quouple	132372	grise	1916	Millerand 108519	Mouette 111318
Quoupole	132374	grise	1916	Loquace 104466	Rosette 75055
Quoupura	132378	grise	1916	Marceau 107660	Nuptiale 118090
Quour	132379	noir-zain	1916	Lettré 104631	Joueuse 89020
Quourbe	132380	grise	1916	Lapsus 104417	Camisole 68871
Quourbette	131053	grise	1916	Lichas 98731	Manille 67245
Quourbette	132381	noire	1916	Loquace 104466	Iroquoise 98577
Quourbevoie	131009	gris-noir	1916	Juvénal 83553	Margot 68030
Quourbure	132382	noire	1916	Moulins 108273	Lévite 104742
Quourcelle	131056	noire	1916	Laceron 98868	Linotte 103065
Quourgane	132467	grise	1916	Loto 104424	Nivernaise 117938
Quourge	131007	noire	1916	Kaleul 92482	Déesse 97137
Quourge	132385	noire	1916	Lapsus 104417	Lisette 101511
Quourlande	131013	gris-fer	1916	Lanier 101743	Nucelle 112914
Quouronne	131015	gris-bleu	1916	Lanier 101743	Irma 82302
Quouronne	132386	grise	1916	Klaro 97235	Fleurie 96899
Quourpière	131016	gris-bleu	1916	Lanier 101743	Mabelle 109366
Quourse	132394	grise	1916	Loiret 103444	Mélopée 104814
Quoursive	130613	grise	1916	Kalot 92507	Heure 74017
Quoursive	132395	grise	1916	Loiret 103444	Maraude 111364
Quourte	130617	gris tr. cl.	1916	Guignolet 70023	Impenne 81318
Quourte	131050	noire	1916	Juvénal 83553	Mascara 109403
Quourte	132397	grise	1916	Loiret 103444	Méridienne 104815
Quourtilière	132402	grise	1916	Doguet-ex-Sapeur 60641	Lippée 104002
Quourtille	131047	gris-bleu	1916	Célibat 64968	Ibyca 82244
Quourtillerie	131028	noire	1916	Misanthrope 106210	Rebelle 63588
Quourtine	130620	gris-clair	1916	Mirabeau 109361	Lettrine 99699
Quourtine	131017	noire	1916	Lapereau 100259	Klimante 94767
Quourtine	132403	rouanne	1916	Klaro 97235	Koblette 96788
Quourtisane	132404	grise	1916	Klaro 97235	Vivante 69115
Quourtoise	131057	noir-zain	1916	Juvénal 83553	Hermine 77197
Quourue	130621	grise	1916	Lapereau 100259	Lunelle 101321
Quourville	131018	gris-noir	1916	Lanier 101743	Rosette 67365
Quouseuse	132408	grise	1916	Guillaume Tell 72926	Elvire 87614
Quousine	130622	grise	1916	Mirabeau 109361	Lisette 58308

NOM	N°	ROBE	Naissance	PÈRE	MÈRE
Quousine	131019	noire	1916	Lanier 101743	Coquette 73323
Quousine	132409	noire	1916	Kibus 96690	Kadence 97366
Quousinière	132410	grise	1916	Doguet-ex-Sapeur 60641	Altière 81825
Quousue	130626	noire	1916	Mirabeau 109364	Coquette 75135
Quousue	132414	grise	1916	Loiret 103444	Latine 100677
Quoutance	131020	noire	1916	Lanier 101743	Ma 109368
Quoutelle	130630	gris-foncé	1916	Libéral 100349	Incluse 80514
Quouteuse	130632	rouanne	1916	Lalo 100197	Epopée 67032
Quoûteuse	132416	grise	1916	Loiret 103444	Nivelle 118610
Quoutume	130631	gris-foncé	1916	Lalo 100197	Invisible 80742
Quoutume	132417	grise	1916	Guillaume-Tell 72926	Locuste 102582
Queuture	130635	grise	1916	Kontemporain 91579	Marquise 62327
Qrouture	131021	gris-bleu	1916	Lanier 101743	Judée 87924
Qtouture	132191	noire	1916	Importun 80576	Etincelle 68261
Queuture	132418	noire	1916	Kibus 96690	Coquette 49792
Quouvée	130636	gris tr. cl.	1916	Kontemporain 91579	Amusante 55464
Quouvée	132426	grise	1916	Loiret 103444	Judelle 89045
Quouverte	132431	grise	1916	Limaçon 103785	Lisanne 104330
Quouveuse	130660	noir-zain	1916	Kalot 92507	Laiche 100166
Quouveuse	132430	grise	1916	Impérator 83461	Novelle 118045
Quouza	131058	gris-bleu	1916	Lichas 98731	Koloupis 95122
Quovilha	131023	gris-bleu	1916	Célibat 64968	Bleue 48435
Quoxale	130637	grise	1916	Kalot 92507	Sirène 55406
Quoxalgie	130640	grise	1916	Mylord 107421	Lasserie 101653
Quoxalgie	132433	grise	1916	Limaçon 103785	Mauganèse 111266
Quoxcie	131046	gris-bleu	1916	Célibat 64968	Naphtaline 112793
Quoxie	131022	noir-zain	1916	Laceron 98868	Trompette 67512
Quoze	131059	gris f. f.	1916	Lapereau 100259	Khaspour 95175
Quratine	128933	gris-foncé	1916	Mirliton 105710	Koustine 89948
Qurette	129031	gris-foncé	1916	Jallieu 86306	Korniche 89834
Qurette	130281	gris-foncé	1916	Mordicant 110698	Mimeuse 110547
Qurie	129294	noir-zain	1916	Fier-à-Bras 65250	Kazbec 90581
Qurieuse	129548	grise	1916	Lustre 99965	Nabalie 111965
Qurieuse	130092	grise	1916	Libouret 99738	Hiclique 75732
Quriositas	129560	gris-foncé	1916	Laboureur 104443	Hydratée 74426
Qurmotte	131398	gris-fer	1916	Instar 78857	Iphigénie 82073
Qursade	131397	gris-foncé	1916	Lockray 103425	Jugale 88333
Quscute	129339	noire	1916	Lannes 100896	Noirdefumée 143377
Quvilla	129987	noir-zain	1916	Mirliton 105710	Juponne 85989

IMPRIMERIE L. HAMARD, NOGENT-LE-ROTROU